IM BANN DES NORDENS

BERND RÖMMELT

IM BANN DES

NORDENS

ABENTEUER AM POLARKREIS

KNESEBECK

INHALT

6
VORWORT

8
IM LAND DER WEISSEN BÄREN
ALASKAS HOHER NORDEN

58
»YUKON QUEST«
DAS HÄRTESTE HUNDESCHLITTENRENNEN DER WELT

90
MIT DEM AUTO ANS EISMEER
ABENTEUER DEMPSTER HIGHWAY

126
TUNU
GRÖNLANDS WILDER OSTEN

158
DER HAUCH DER ARKTIS
ISLANDS WESTFJORDE

196
AUF LICHTJAGD
NORWEGENS WILDE NORDWESTKÜSTE

232
IM LAND DER SAMEN
SCHWEDISCH-LAPPLAND

264
GRENZGÄNGER
ARIS BÄREN AN DER FINNISCH-RUSSISCHEN GRENZE

298
DIE NENZEN
UND DAS ÖL

314
ARKTIS IN GEFAHR

318
MAKING-OF

VORWORT

Ende August 2011 war ich mit einem Segelboot im Scoresbysund in Ostgrönland unterwegs. Gut zwei Monate vorher hatte ich ein großes Fotoprojekt über die Arktis abgeschlossen. Im Auftrag der Umweltschutzorganisation Greenpeace dokumentierte ich über vier Jahre hinweg die Schönheit, aber auch die Zerbrechlichkeit der arktischen Welt. Anstrengende und zugleich aufregende und faszinierende Jahre lagen hinter mir, die das schwarze Loch vor mir nur umso schwärzer erscheinen ließen.

Ich war zu dieser Reise nach Ostgrönland aufgebrochen, um mir Klarheit zu verschaffen, wie es weitergehen sollte, und um in der Ruhe der arktischen Einsamkeit Kraft für die Zukunft zu tanken. Der Zustand des hohen Nordens deprimierte mich zusehends. Der Klimawandel hatte zu dramatischen Veränderungen geführt, hatte das Gesicht dieser Region bereits für immer verändert. Und die Menschheit schaute einfach weg. Im Vordergrund menschlichen Handelns stehen und standen immer schon wirtschaftliche Interessen, die mehr zählen als der Erhalt unserer Erde – wie kurzfristig wir Menschen doch denken.

Mein Blick schweifte über die traumhafte Kulisse, durch die mein Boot seine Bahn zog, eine Welt aus treibenden Eisbergen und spitzen, steil in das Meer abfallenden Küstenbergen. Ich genoss die Schönheit der Landschaft und die ganz besondere Atmosphäre, der man sich kaum entziehen kann. Die frische, klare arktische Luft blies mir ins Gesicht und pustete meinen Kopf frei. In diesem Moment stand mir meine Zukunft klar vor Augen: Ich konnte nicht aufgeben, ich wollte diese Landschaft so lange weiter dokumentieren, bis jeder begriff, was für ein grandioser Lebensraum auf immer verschwindet, wenn der Klimawandel in derselben Geschwindigkeit weiter voranschreitet.

Als der Entschluss gefasst war, stellte sich mir die Frage, wie sich Menschen am besten für diesen besonderen Lebensraum begeistern lassen. Ich dachte darüber nach, was mich auf meinen vielen Reisen in die Arktis am meisten fasziniert hatte, und stellte eine Liste von Orten und Ereignissen zusammen, die mir besonders ans Herz gewachsen waren oder von denen ich schon immer geträumt hatte. Die auf dieser Liste verzeichneten Orte sind Thema dieses Buches und damit eines Projekts, das den Norden in seiner ganzen Vielfalt widerspiegeln soll: Menschen, Tiere, Landschaften – einfach alles, was für mich den hohen Norden ausmacht. Diese Herangehensweise stellte sich im Nachhinein als besondere fotografische Herausforderung heraus. Interessant war, dass sich alle von mir ausgewählten Orte und Ereignisse um den Polarkreis herum

Links: Langsam senkt sich die Sonne über einem namenlosen Bergsee nahe Nikkaluokta und zaubert perfektes, warmes Licht auf die herbstliche Landschaft im hohen Norden Schwedens.

Unten: Ein intensives Nordlicht wabert über den schneebedeckten Bergen in den Westfjorden Islands. Das Beobachten von Nordlichtern am nächtlichen Himmel gehört zu den spektakulärsten Erlebnissen im hohen Norden.

streuten. Mir wurde das erst so richtig klar, als ich die Zielregionen auf der Karte absteckte. Der Polarkreis, diese magische Linie, nördlich deren im Sommer die Sonne für ein paar Wochen nicht mehr untergeht und im Winter für ein paar Wochen nicht auf, sollte zum roten Faden meines Vorhabens werden.

Nur zwei Monate nach dem Abschluss meines großen Arktisprojektes steckte ich also schon wieder tief in einem neuen Abenteuer, zumindest gedanklich. Mir war auch klar, dass ich dieses große Fotoprojekt nicht schnell abfotografieren wollte. Ein Zeitraum von sechs Jahren schien mir angemessen. Von Anfang an nahm ich mir vor, jede Reise mit allen Sinnen zu genießen und mit allen Kräften anzugehen. Aber Reisen in den Norden kosten Kraft, Nerven und viel Geld. Also entschloss ich mich, nicht mehr als vier Reisen pro Jahr zu unternehmen. Ich wollte mir den Luxus gönnen, jedes Abenteuer frisch und ausgeruht anzugehen. Zudem brauchte ich Zeit, um die Eindrücke einer Reise zu verarbeiten, und wollte vermeiden, dass sie sofort von neuen überlagert würden. Viele Gebiete, wie zum Beispiel die Westfjorde auf Island, bereiste ich mindestens zweimal: zum einen, um verschiedene Jahreszeiten zu dokumentieren, zum anderen natürlich, um die Chance auf gute Aufnahmen zu erhöhen. Oft wurden aus zwei Reisen in ein Gebiet vier oder fünf. Hier zeigte sich, dass Reisen in den hohen Norden unberechenbar sind: Manchmal passte das Wetter nicht, ein anderes Mal hielten die Tiere sich versteckt usw. Bei speziellen Ereignissen, wie etwa beim »Yukon Quest«, achtete ich darauf, mit einem Versuch klarzukommen, um den Reportagecharakter zu wahren.

Insgesamt unternahm ich 22 Reisen und verbrachte knapp 450 Tage am Polarkreis. Obwohl sich der Zustand der Arktis in den letzten Jahren weiter dramatisch verschlechtert hat, fühle ich mich heute beim Schreiben dieser Zeilen nicht in einem schwarzen Loch. Ich sprühe vor Energie, will weiter für den Erhalt dieses grandiosen Lebensraumes kämpfen und freue mich auf die nächsten Projekte im hohen Norden. Ich will weiter beobachten, wie Nordlichtschleier über den Himmel fegen, ich will weiter erleben, wie Moschusochsenbullen ihre spektakulären Kämpfe austragen, wie Eisbärenmütter ihre Jungen durch die eisige Welt des hohen Nordens geleiten, wie Karibus über die Tundra galoppieren, wie die Schlittenführer gekonnt mit ihren Hunden kommunizieren. Ich will wieder die Weite spüren, die klare Luft atmen, das intensive Licht des Nordens erleben, das Knarzen des Packeises hören. Für all das lohnt es sich zu kämpfen. Der Norden ist mein Leben. Ich kann und will mich seinem Bann ganz einfach nicht entziehen.

IM LAND
DER WEISSEN
BÄREN
ALASKAS
HOHER NORDEN

Vorhergehende Doppelseite: Die Brooks Range, eine wilde Gebirgskette, zieht sich über 1100 Kilometer von Ost nach West quer durch Alaska. Dahinter liegt nach Norden hin die North Slope, eine baumlose arktische Tundra, die erst am Eismeer endet.

Rechts: Ein ausgewachsener Moschusochsenbulle in der arktischen Tundra. Diese Tiere sind mit Vorsicht zu genießen, plötzliche Angriffe keine Seltenheit. Hier ist Mindestabstand das oberste Gebot – sonst kann's gefährlich werden.

Zwischen mir und dem riesigen Bullen liegen nur knapp 20 Meter. Es bläst ein eisiger Wind aus Osten. Die Temperatur dürfte bei minus 40 Grad liegen. Ich bin viel zu nahe. Der Bulle wird unruhig. Er stapft in meine Richtung und senkt den Kopf, dabei schwingt er seinen massigen Schädel von links nach rechts. Eine Warnung: Ziehe dich zurück, oder ich greife an. Langsam bewege ich mich weg von dem Tier, immer in Blickkontakt. Ich bin ein Idiot, schießt es mir durch den Kopf, ich fotografiere seit 20 Jahren wilde Tiere und mache immer noch denselben Fehler. Michio Hoshino, der berühmte japanische Fotograf, der sich auf die Tierwelt Alaskas spezialisiert hat und auf so tragische Weise 1996 in Kamtschatka ums Leben kam, gab eine ganz eigene Empfehlung für gelungene Aufnahmen wilder Tiere: Man solle ihnen Freiraum geben und sie auf sich zukommen lassen, denn nur dann könne man wirklich gute Bilder schießen und »die Seele der Tiere einfangen«. Wie Recht er doch hat. Also Rückzug.

In knapp 50 Metern Entfernung bleibe ich stehen, setze mich auf meinen Fotorucksack und beobachte das Tier. Was für ein kolossaler Bulle. Ich friere in meiner teuren Outdoorausrüstung bereits nach zehn Minuten, er aber verbringt das ganze Jahr hier oben in der arktischen Tundra, perfekt angepasst an die harschen Bedingungen der Hocharktis. Ich begleite den Bullen in sicherer Entfernung. Noch 15 Minuten, dann muss ich zurück ins Auto, um mich und meine Ausrüstung ein wenig aufzuwärmen.

Plötzlich taucht wie aus dem Nichts eine ganze Herde von Moschusochsen auf. Es dürften um die 20 Tiere sein. Unglaublich. Sofort vergesse ich die Kälte, die schmerzenden Finger. Die Herde entdeckt mich und bildet direkt einen Abwehrwall. Die stärksten Tiere drängen nach vorne, stehen dicht an dicht nebeneinander und nehmen die alten und ganz jungen in ihre Mitte. Alle starren wie gebannt in meine Richtung. Es ist einer dieser Momente, die ich niemals vergessen werde. Sie schauen mir direkt in die Augen. Ich bleibe fünf Minuten, dann ziehe ich mich zurück, will die Tiere nicht weiter stören. Dieses Gebiet ist ein Garten Eden, eines der letzten Wildnisparadiese unserer Erde.

DIE SERENGETI DES NORDENS

Leider sehen das nicht alle so. US-Politiker und die großen Ölkonzerne bezeichnen die North Slope, die arktische Tundra Alaskas jenseits der Baumgrenze, gerne als »frozen wasteland« oder »white nothingness« – ein Land, das nichts wert ist, ein Ödland, dessen Bodenschätze, in erster Linie Öl, ohne Rücksicht auf die Natur ausgebeutet werden können. Am Arktischen Ozean rund um Prudhoe Bay wird dies schon seit Jahrzehnten getan.

Natürlich ist der Norden Alaskas kein weißes Nichts. Im Gegenteil: Er ist die Serengeti des Nordens. Hier ziehen Hunderttausende Karibus, die Rentiere Alaskas, durch die Tundra, hier leben Moschusochsenherden, aber auch Wölfe, Braunbären, Polarfüchse, Rotfüchse, arktische Erdhörnchen, Vielfraße usw. Im Sommer brüten am Arktischen Ozean Millionen von Zugvögeln. Und nicht zu vergessen: Die arktische Küste Alaskas ist die Heimat des größten Landraubtieres der Erde, des Eisbären, dessen Lebensraum allerdings durch den Klimawandel stark beeinträchtigt ist. Man schätzt den Bestand der Eisbären Alaskas auf circa 5000 Tiere, mit sinkender Tendenz. Im Eismeer tummeln sich darüber hinaus Belugawale, Grönlandwale, Walrosse und eine Vielfalt von nordischen Fischarten.

Links: Über den zugefrorenen Flussläufen hat sich am frühen Morgen Nebel gebildet. Es ist Februar, der kälteste Monat in Alaska. In klaren, kalten Winternächten sackt die Temperatur in der Brooks Range regelmäßig auf unter minus 40 Grad ab.

WILDNIS PUR

Der Norden Alaskas, das Gebiet nördlich des Polarkreises, besteht keineswegs nur aus arktischer Tundra, sondern weist eine Vielfalt an Landschaftsformen auf. Im Süden des Gebietes erstreckt sich Taigawald, so weit das Auge reicht. Er bietet unter anderem Elchen, Luchsen, unterschiedlichen Eulenarten, aber auch Schwarzbären eine Heimat. Im Winter sinken hier die Temperaturen regelmäßig auf unter minus 40 Grad. Nördlich des Taigawaldgürtels erhebt sich eine mächtige Gebirgskette in den arktischen Himmel. Die Brooks Range zieht sich über 1100 Kilometer von West nach Ost quer durch Alaska. Die meisten der Berge haben keinen Namen, wurden noch niemals bestiegen. Wildnis pur also. Ich konnte in dieser grandiosen Gebirgswelt schon Dall-Schafe (Alaska-Schneeschafe), aber auch Biber, Grizzlys oder die lustigen Baumstachler beobachten. Nördlich der Brooks-Kette schließt sich dann die bereits oben beschriebene arktische Tundra an, die sich bis hinauf zum Ozean erstreckt.

Der gesamte Norden Alaskas ist aber nicht nur die Heimat unzähliger wilder Tiere. Schon lange leben hier Menschen von und mit der Natur. Im Landesinneren sind es die der athabaskischen Sprachgruppe angehörigen Gwich'in-Indianer. Fort Yukon oder Arctic Village sind zwei der bekanntesten Dörfer der indianischen Bevölkerung Nordalaskas. Die traditionelle Lebensweise dieser Indianer des Inlandes hängt fast vollständig von den großen Karibuherden ab. Die Tiere sind in erster Linie Nahrungsquelle, aber auch Felle und Haut werden beispielsweise für die Herstellung von Kleidung genutzt. Heute sind die Bestände der großen Herden jedoch rückläufig. Auch hier spielt der Klimawandel eine bedeutende Rolle. Die Tiere sind im Winter auf lockeren Schnee angewiesen, den sie leicht mit ihren Hufen beiseiteschieben können, um an die Moose und Flechten darunter zu gelangen. Kommt es während der kalten Jahreszeit aber zu Wärmeeinbrüchen, so taut der Schnee, und wenn die Temperaturen anschließend wieder anziehen, bildet sich über dem Boden eine für die Hufe der Karibus undurchdringliche Eisschicht. Die Tiere verhungern.

Im Sommer macht den Karibus zudem eine zunehmende Zahl an Moskitos zu schaffen. Die immer wärmeren und feuchteren Sommer bieten ideale Bedingungen für diese Quälgeister. Die Karibus versuchen, den Moskitos auszuweichen, und suchen höher gelegene Plätze auf. Allerdings finden sie auf den Bergkuppen viel weniger Nahrung, worunter insbesondere die Muttertiere und ihre Jungen leiden. Die Folge: Die Reproduktionsraten bei Karibus gehen zurück.

Ein Problem stellen auch die Ölförderfelder im Norden dar, denn die Karibus meiden diese industriellen Orte, aber genau dort am Arktischen Ozean wachsen im Sommer die saftigsten Gräser. Hinzu kommen die vielen Ölpipelines, die zwar aufgrund des Permafrostbodens auf Stelzen gebaut sind, sodass die Karibus problemlos darunter hindurchlaufen könnten, was die Tiere aber nicht tun. Uralte Wanderwege der Tiere werden durch das enge Netz der Pipelines zerschnitten.

Bis heute tobt ein erbitterter Streit zwischen Naturschützern und indigenen Gruppen auf der einen Seite und der Ölindustrie auf der anderen Seite, ob im Arctic National Wildlife Refuge (ANWR), einem riesigen Naturschutzgebiet in Nordostalaska, nach Öl gebohrt werden darf. Das knapp 78000 Quadratkilometer große Gebiet ist eines der letzten echten Wildnisgebiete unserer Erde und

Unten: Eine Eisbärenmutter mit ihrem Jungen nahe Kaktovik. Die Bindung zwischen Mutter und Jungtier ist anfangs extrem eng, aber nach circa drei Jahren müssen die Kleinen allein zurechtkommen.

Rechts: Die Eisbärenfamilie nutzt die Walknochen als willkommene Nahrungsquelle in den sonst mageren Sommermonaten. Unweit des kleinen Ortes Kaktovik sammeln sich im Herbst bis zu 20 Eisbären und warten aufs Packeis.

genießt bis heute einen relativ strengen Schutz. Außerdem ist das Gebiet Heimat der Porcupine-Karibuherde, ohne Zweifel die bekannteste Karibuherde Alaskas. Sie ist mit circa 170000 Tieren zwar nicht die größte Herde – die benachbarte Western-Arctic-Herde zählt beispielsweise mehr als 200000 Tiere –, sie ist aber zu einem Symbol des Kampfes gegen die Umweltzerstörung geworden. Das Gebiet des Arctic National Wildlife Refuge ist für die Porcupine-Karibuherde von zentraler Bedeutung – und damit auch für die dort ansässigen Gwich'in-Indianer –, denn die Karibus vollziehen in diesem Gebiet ihre langen Wanderungen: Den Winter verbringen sie im geschützten Taigawald des benachbarten Yukon-Territoriums, im Sommer ziehen sie über 1500 Kilometer nach Norden an die Küste des Arktischen Ozeans, um dort ihre Jungen auf die Welt zu bringen. Bohrungen an diesem Küstenabschnitt würden die Herde extrem belasten. Darüber hinaus besteht natürlich immer die Gefahr eines Unfalls. Man mag sich nicht ausmalen, was passiert, wenn Millionen von Litern Rohöl in die arktische Tundra oder den Arktischen Ozean sickern.

Am Eismeer leben die Inuit Alaskas, die sich auf die Jagd nach Meeressäugetieren spezialisiert haben. Grönlandwale sind ihre Hauptbeute, aber auch alles andere, was die Natur hergibt, wird genutzt: Vogeleier, Fische wie Lachs oder arktischer Saibling sowie Karibus und Moschusochsen stehen auf dem Speisezettel der Inuit. Auch ihre traditionelle Lebensweise ist bedroht. Während manche Inuit-Dörfer, wie zum Beispiel Barrow, einen scheinbar guten Deal mit der Ölindustrie eingegangen sind und reich für ihre Zugeständnisse und Landabtretungen entlohnt wurden, kämpfen die meisten Orte, etwa das am nördlichen Rand des Arctic National Wildlife Refuge gelegene Kaktovik, erbittert gegen die Erschließung. Auch der Klimawandel macht den Bewohnern der Küste zu schaffen. Da der Permafrostboden auftaut, versinken ganze Dörfer entweder im Morast, oder die Brandung nimmt sich ungestört immer mehr Land.

EISBÄREN IN GEFAHR

Es ist Oktober geworden. Ich sitze am Arktischen Ozean unweit von Kaktovik. Vor mir stehen sechs große Eisbären inmitten von Walknochen, die die Inuit nach erfolgreicher Jagd zurückgelassen haben. Zwischen September und Oktober belagern sie Kaktovik und warten sehnsüchtig auf die Rückkehr des Packeises. Wenn die Temperaturen endlich dauerhaft auf unter minus 20 Grad absinken und das Meer zufriert, machen sie sich von hier aus auf in ihre dunkle, eisige Welt, die ihnen alles bietet, was sie zum Überleben brauchen. Der Anblick einer Mutter und ihrer beiden Jungen sollte mich eigentlich freudig stimmen, doch die Freude bleibt mir im Hals stecken, wenn ich daran denke, dass die Eisbären Alaskas zu den am meisten gefährdeten Populationen weltweit zählen.

Der Klimawandel hat Alaska besonders stark getroffen. Die Temperatur steigt dort im Vergleich zu den weltweiten Durchschnittswerten doppelt so schnell. Die Zeit, in der sich der Ozean fest im Griff des Eises befindet, wird dadurch immer kürzer: Das Packeis bildet sich heute bis zu vier Wochen später und taut bis zu vier Wochen früher auf. Im November 2016 war die Situation besonders dramatisch: Das Packeis blieb aufgrund extrem warmer Temperaturen aus, und auch bis weit in den Dezember hinein fror der Ozean nicht zu. Eine einmalige Situation: Der Arktische Ozean war 2016 extrem warm, da ein natürliches Wetterphänomen, das in regelmäßigen Abständen den Pazifik aufheizt und globale Auswirkungen hat, El Niño, infolge des Klimawandels extremer war als jemals zuvor.

All dies hat dramatische Folgen für den Eisbären. Sein Revier ist der mit Eis bedeckte Ozean, dort macht er Beute, vorrangig Robben, die auf dem Eis ihre Jungen auf die Welt bringen und damit ebenfalls auf das Packeis angewiesen sind. Eisbären verbringen den ganzen Sommer an Land. Mit viel Glück finden sie dort den einen oder anderen Walkadaver, der sie für ein paar Wochen über die Runden bringt, in der Regel aber hungern die Bären in den Sommermonaten. Sehnsüchtig warten sie ab Oktober auf das Eis. Aufgrund der aktuellen Entwicklungen hat der Eisbär fast zwei Monate weniger Zeit, um sich Fettreserven für die mageren Sommermonate anzufressen – ein Todesurteil für viele Bären. Noch fataler wirkt sich der Klimawandel auf die Eisbärenmütter und ihre Jungen aus. Eisbärinnen verbringen einen großen Teil des Winters in einer Schneehöhle, um dort ihre Jungen auf die Welt zu bringen, und verlassen diesen Ort erst im März, um auf dem Packeis auf Jagd zu gehen. Für sie beginnt die Jagdsaison also viel später, und aufgrund der kürzeren Winter bleibt nicht mehr genügend Zeit zur Nahrungsbeschaffung für die Eisbärenmütter und ihre Jungen. Viele Eisbärenjungen sterben in der Folge.

Wenn es mit dem Klimawandel in dieser Geschwindigkeit weitergeht, dann wird der Eisbär, die Ikone der Arktis, verschwinden. Mit viel Glück überlebt vielleicht eine kleine Population im äußersten Norden der Welt.

Unten: Bei Kaktovik spielen zwei kleine Eisbären unbeschwert und von der Mutter behütet – eine Idylle. Aber wie lange noch? Durch den Klimawandel bildet sich das Packeis später und schmilzt früher – was die Jagdsaison der Bären verkürzt.

Folgende Doppelseite: Die Eisbärenmutter und ihre Jungen in zärtlicher Dreisamkeit. Vielleicht sind solche Bilder bald eine Rarität: Die Geburtenrate bei Eisbären ist in Alaska bereits jetzt rückläufig.

Diese Doppelseite: Im letzten Licht eines bitterkalten Oktobertages in Kaktovik: Die Eisbärenmutter schaut nach ihren beiden Jungen. Langsam bildet sich Eis auf dem Ozean. Nicht mehr lange, und die kleine Familie kann hinaus aufs Packeis, um Robben zu jagen. Dort werden sie den gesamten Winter verbringen und erst im Juni wieder aufs Festland zurückkehren.

Diese Doppelseite: Eisbären sind wie Wale, Robben oder Seeotter Meeressäugetiere und perfekt an die harschen Bedingungen der Arktis angepasst. Sie gehören zu den Sohlengängern. Dank ihrer großen, behaarten Fußsohlen rutschen sie selbst auf vereisten Flächen nicht aus. Ein wasserabweisendes Fell und paddelförmige Vorderpfoten, die mit Schwimmhäuten versehen sind, erlauben es ihnen, Entfernungen von über 200 Kilometern im kalten Arktischen Ozean zurückzulegen.

Rechts: Schneehühner wechseln ihr Federkleid entsprechend der Jahreszeit: von rotbraun im Sommer auf schneeweiß im Winter – gute Tarnung ist eben alles!

Unten: Nicht nur Eisbären locken die Walknochen an, sondern auch Polarfüchse. Dieser arktische Fuchs steckt noch in seinem graubraunen Sommerfell, bald aber ist auch er schneeweiß.

Folgende Doppelseite: Der Sukakpak Mountain in der Brooks Range spitzt durch den Morgennebel. Dieser formvollendete Berg im ersten Sonnenlicht war ein Bild, das ich jahrelang im Kopf hatte, bevor ich es im September 2012 endlich realisieren konnte.

Links oben: Ein arktisches Erdhörnchen versucht sich einen Überblick zu verschaffen, indem es sich auf die Hinterbeine stellt. Diese niedlichen Tiere halten bis zu acht Monate Winterschlaf.

Links unten: Das eisgraue Murmeltier ist eine eigene Gattung in der Familie der Murmeltiere. Es kommt von Alaska bis hinunter nach Montana vor. Mir ist eines dieser Tiere in der Brooks Range nur ein einziges Mal begegnet.

Unten: Auch der nordamerikanische Biber ist nördlich des Polarkreises anzutreffen, wie hier im Taigawaldgürtel südlich der Brooks Range. Im September sind Biber auch tagsüber aktiv – sie müssen Vorräte für den Winter sammeln.

Unten: Eine Gruppe von mächtigen Karibubullen. Sie gehören zur berühmtesten Karibuherde Alaskas, der Porcupine-Herde, benannt nach dem 721 Kilometer langen Porcupine River, der quer durch Alaska und das kanadische Yukon-Territorium fließt.

Rechts: Die Schnee-Eule zählt zu den schönsten und seltensten Vögeln der arktischen Tundra. Das Bild zeigt ein Männchen mit schneeweißem Federkleid (bei Weibchen weist das Gefieder dunkle Flecken oder Bänder auf).

Unten: Ein männliches Tannenhuhn posiert auf einem Felsen der Brooks Range. Nur die Männchen tragen den charakteristischen roten Kamm über dem Auge. Diese Vögel können 650 Gramm Gewicht und eine Flügelspannweite von 60 Zentimetern erreichen.

Unten: Ein perfekter Herbstmorgen in der Brooks Range: Die Berge tragen bereits eine Schneehaube, die Tundra ist wunderschön rot verfärbt, die aufgehende Sonne zaubert warmes Licht auf die Landschaft – Fotografenherz, was willst du mehr?

Unten: In Alaska leben die größten Elche der Erde – mit einem Gewicht von bis zu 900 Kilogramm und einer Schaufelspannweite von über zwei Metern. Im Norden Alaskas kommen Elche etwa bis zur Baumgrenze vor.

Folgende Doppelseite: Nur für ein paar Tage zeigt sich die Landschaft in ihrem schönsten Herbstkleid: Zwei Wochen, von Mitte August bis Anfang September, dauert in Nordalaska der Herbst.

Rechts oben: Ein Braunbär in der Brooks Range. Bis zum Arktischen Ozean reicht das Verbreitungsgebiet dieser Tiere. Inlandbären erreichen nur etwa 60 bis 70 Prozent des Gewichts der Küstenbären.

Rechts unten: Das Dall-Schaf lebt in Alaska, dem angrenzenden Yukon-Territorium und in Teilen von British Columbia und ist ein wunderschönes wildes Bergschaf, das den harten Bedingungen der Subarktis trotzt.

Unten: Eine Schlechtwetterfront zieht über die Brooks Range, dunkle Wolken legen sich auf die Gipfel. Im hohen Norden muss man selbst im Hochsommer immer mit Kälteeinbrüchen rechnen.

Folgende Doppelseite: Ein Foto wie ein Gemälde: Die Silhouette eines mächtigen Moschusochsenbullen zeichnet sich vor den dramatischen Wolken einer aufziehenden Schlechtwetterfront ab.

Rechts oben: Ein Regenbogen spannt sich über die baumlosen Hänge der nördlichen Brooks Range. Das Wetter wechselt hier im Minutentakt. Strahlender Sonnenschein wird in kürzester Zeit von dunklen Wolken abgelöst.

Rechts unten: Der Wind über der Tundra verschafft auch der Sonne Chancen: Hier lugt sie durch die aufbrechende Wolkendecke und versetzt die Landschaft in eine unwirkliche Stimmung.

Links: Moschusochsen sind normalerweise Tiere der Tundra. Aber dieses einsame Exemplar wanderte weit in den Süden bis an die nördlichen Ausläufer der Brooks Range, wo es sich mehrere Tage aufhielt, ehe es spurlos verschwand.

Unten: Eine Moschusochsenmutter mit ihrem etwa einen Monat alten Kalb. Die Jungen werden im April geboren, wenn noch tiefster Winter herrscht. Sie verfügen über braunes Fettgewebe, das der Wärmeproduktion dient.

Diese Doppelseite: Moschusochsen sind bestens an die harten Bedingungen der Hocharktis angepasst. Unter ihrem zottigen Überfell sitzt eine bis zu fünf Zentimeter dicke Wollschicht sowie darunter eine dicke Fettschicht als gut funktionierender Kälteschutz. Ihre Augen verfügen über große Pupillen und eine hochempfindliche Netzhaut, sodass sie in der langen Polarnacht einigermaßen gut sehen können.

Unten: Wittern Moschusochsen Gefahr – ihre Hauptfeinde sind Wölfe und Braunbären –, bilden die Herdentiere sofort einen Abwehrwall: Die stärksten Tiere stellen sich dem Feind und schirmen die schwächeren, die alten und die ganz jungen ab.

Folgende Doppelseite: Halbwüchsige Bullen auf einem zugefrorenen Fluss nahe dem Arktischen Ozean. Alaskas Moschusochsen galten in den 1930er-Jahren als ausgerottet, konnten aber neu angesiecelt werden. Heute leben bis zu 3000 Tiere in Alaska.

Unten: Der Februar ist der kälteste Monat, das Land wie erstarrt, selbst reißende Flüsse bewegungslos. Die Sonne zeigt sich nur für kurze Zeit. Sie schafft es kaum über die spitzen Bergkuppen der Brooks Range.

Unten: Die windumtoste, arktische Tundra, im Hintergrund die Berge der Brooks Range. Die gefühlten Temperaturen können hier leicht unter minus 50 Grad fallen. Dabei drohen Erfrierungen innerhalb weniger Minuten.

Folgende Doppelseite: Eine magische Nacht unweit des Yukon River: dick in Eis und Schnee verpackte Bäume und ein mystisches Vollmondlicht. Mit minus 45 Grad war es eine der kältesten Nächte, die ich je erlebt habe.

Rechts: Südlich der Brooks Range erstreckt sich ein breiter Taigawaldgürtel. Auch hier sinken die Temperaturen im Winter regelmäßig unter minus 40 Grad. Da der Wind zwischen den Bäumen nicht so kräftig bläst, können sich Schnee und Eis ungestört auf Äste und Stämme legen. So schafft die Natur über Wochen und Monate hinweg diese eisigen Skulpturen voll bizarrer Schönheit.

»YUKON QUEST« DAS HÄRTESTE HUNDESCHLITTEN-RENNEN DER WELT

Vorhergehende Doppelseite: Ein Hundeschlittengespann am Eagle Summit. Nicht immer herrschen am Gipfel so perfekte Bedingungen wie an diesem sonnigen Tag. Oft fegt hier ein eiskalter Wind über die Landschaft.

Unten: Bereits im Morgengrauen beginnen die Vorbereitungen für das Rennen. Vergessen darf man nichts, das kann auf dem Trail zu großen Schwierigkeiten führen. Die Nervosität steigt, je näher der Start rückt.

Rechts: Die Hunde warten (oben), in knapp drei Stunden beginnt das »Yukon Quest«. In kurzem Abstand startet ein Hundeschlittengespann nach dem anderen, hier Tony Angelo mit seinen Siberian Huskys (unten).

Fairbanks, 6. Februar 2016, 8 Uhr morgens. Für Alaska milde Temperaturen von minus 20 Grad. Es herrscht hektisches Treiben im Bereich vor der Startlinie. Überall große Pickups mit den typischen Hundetransportaufsätzen. Ich stehe mittendrin. Kann mich gar nicht auf ein Motiv konzentrieren. Dort werden Hunde aus den Autos geholt, woanders wird ihnen das Geschirr angelegt, ganz vorne stehen sie schon in Reih und Glied, heulen, bellen, wollen endlich los – das Laufen liegt ihnen im Blut.

Ich befinde mich im Startbereich des wohl härtesten Hundeschlittenrennens der Welt, des »Yukon Quest«. Tausend Meilen von Fairbanks, Alaska, bis nach Whitehorse im benachbarten Yukon-Territorium sind zu bewältigen. Tausend Meilen durch absolute Wildnis, immer entlang des mächtigen, legendären Yukon River. In harten Fakten hört sich das so an: 23 Teams, eine Strecke von tausend Meilen Länge, vier Berggipfel, neun Checkpoints, drei Hundewechselstellen (Dog Drops), sechs Raststopps (Hospitality Stops), mehr als tausend freiwillige Helfer, die ehrenamtlich tätig sind und einfach eine Riesenfreude daran haben, das Rennen am Laufen zu halten. Der frühe Pioniergeist – jeder hilft jedem – ist hier noch stark zu spüren und imponiert mir ungemein.

Diese nüchternen Zahlen sagen aber nichts über die Gefühle, die sich mit diesem Rennen verbinden. Das »Yukon Quest« verkörpert wie kein anderes Ereignis das Lebensgefühl des hohen Nordens, das Gefühl von Freiheit, Weite, Einsamkeit. Die Auseinandersetzung des Menschen mit der harten, unerbittlichen Natur – irgendwie romantisch. Die Gründung des Rennens erfolgte 1983 tatsächlich aus ähnlich sentimentalen Beweggründen. Damals saßen Roger Williams und Leroy Shank im Bull's Eye Saloon südlich von Fairbanks zusammen und skizzierten ihre Ideen von einem ganz speziellen Hundeschlittenrennen. Ihnen schwebte ein Rennen vor, das so hart sein sollte, dass nur die Puristen unter den Mushern (Hundeschlittenführern) daran teilnehmen würden. Der Streckenverlauf sollte sich an den alten Handelsrouten orientieren, deren wichtigste entlang des Yukon River, des sogenannten Highway of the North, verlief. Für die Gründerväter war der Gedanke des »free arctic mushing« zentral. Jedes Jahr sollte der Start- und Zielort zwischen Fairbanks und Whitehorse wechseln, damit jeder Ort die besondere Atmosphäre an Beginn und Ende des Rennens erleben konnte. Das »Yukon Quest« war geboren. Seit 1984 findet das Rennen jährlich im Februar statt, wobei es in Jahren mit gerader Jahreszahl in Fairbanks startet, in solchen mit ungerader in Whitehorse.

INTERN NAL SLED DOG RACE
201
13

Unten: Torsten Kohnert aus Deutschland auf dem Weg nach Eagle.
Vor ihm liegen hundert Meilen absolute Wildnis. Sein einziger Begleiter: der mächtige Yukon River.

Links oben: Ein Musher verlässt in der Abenddämmerung den Checkpoint in Central. Manche nutzen die gemütliche Kneipe, um sich ein paar Stunden aufzuwärmen und auszuruhen, andere wollen so schnell wie möglich weiter.

Links unten: Yuka Honda trifft am frühen Morgen in Circle ein und lässt sich einweisen. Der Ort ist kein Pflichtstopp, aber viele bleiben für ein paar Stunden, denn jetzt geht es auf den Yukon River – eine anstrengende Etappe.

Unten: In Dawson City entsteht für ein paar Tage eine kleine Zeltstadt. Jeder Musher muss hier eine Pause von 36 Stunden einlegen. Mensch und Tier brauchen Ruhe vor den letzten knapp 500 Meilen bis ins Ziel.

Was 1984 klein begann, hat sich zu einem Riesen-Event gemausert. Aus aller Welt kommen heute nicht nur die Musher mit ihren Teams, sondern auch die Zuschauer. Preisgelder von bis zu 125 000 US-Dollar werden vergeben, gespendet von großen Firmen, aber auch von Einzelpersonen. Ganz Alaska und das Yukon-Territorium schauen während dieser knapp zwei Wochen wie gebannt auf das Ereignis – und verehren die Musher und ihre Teams wie Helden.

DAS RENNEN BEGINNT

2016 stehen 23 Teams am Start: 14 Veteranen und neun Rookies, also Neulinge. Die Rookies wollen nur durchkommen, das Rennen beenden, die Routiniers dagegen wollen in der Regel gewinnen. Viele der Kennels (Hundeschlittenteams) sind Profis. Es geht hier um viel Geld, Sponsoren, Ruhm, Ehre. Am Ende kommen 18 Musher ins Ziel, teilweise mit erheblichen Zeitabständen.

Ich genieße jede einzelne Sekunde der magischen Atmosphäre vor dem Rennen. Alle sind aufgeregt, auch die erfahrenen Hundeschlittenführer. Man glaubt ihnen ansehen zu können, dass die immer selben Fragen sie beschäftigen: ob alles gutgeht, wie sich das Wetter und das Eis auf dem Yukon River entwickeln, wie die Hunde reagieren und ob es gelingt, die Meute als Team zusammenzuschweißen.

Ich habe schnell zwei Lieblingsmannschaften gefunden: Brent Sass mit seinem Team »Wild and Free Mushing« und Yuka Honda aus Japan, eine von vier Frauen, die am Quest teilnehmen. Brent hat das Quest 2015 für sich entschieden. Seitdem verfolge ich ihn ein wenig, lese seine Facebook-Einträge. Mir gefällt seine Einstellung zum Leben. Er liebt den Norden, ist von Minnesota nach Alaska ausgewandert, um sich hier seinen Lebenstraum zu erfüllen: wild und frei leben. 2014 ist er beim Quest gestürzt und hat sich schwere Kopfverletzungen zugezogen. Ein Jahr später gewann er das Rennen. Eine Geschichte, wie gemacht für das Quest. Yuka Honda dagegen imponiert mir wegen ihrer ruhigen, immer freundlichen Art. Es ist unglaublich, wie so eine kleine, zierliche Person so zäh sein kann und diese unglaublichen Anstrengungen mit einem Lächeln auf den Lippen meistert. Sie ist kein Rookie mehr, hat das Rennen schon einmal durchgestanden. Die Ziele beider könnten aber nicht unterschiedlicher sein. Während Brent als amtierender Champion natürlich seinen Titel verteidigen will und als klarer Favorit gilt, will Yuka das Rennen in erster Linie beenden und ihre persönliche Zeit vielleicht ein wenig verbessern.

Links oben: Hugh Neff kurz vor seinem Start aus Dawson City, zu der Zeit Drittplatzierter. Es ist 1 Uhr nachts, die Temperatur liegt bei minus 30 Grad. Bis zum nächsten Checkpoint sind es hundert Meilen.

Links unten: Brent Sass erreicht Circle als Erster. Die Rennverantwortlichen überprüfen, ob er alle vorgeschriebenen Utensilien dabeihat: Schlafsack, Axt, Schneeschuhe, Hundefutter, Kocher, Medizin für die Hunde und achtmal Pfotenschutz.

Unten: Brent Sass macht in Circle keine Rast, er füllt nur schnell seine Benzinflasche für den Kocher auf und verschwindet in der Dunkelheit. Vor ihm liegt eine eiskalte Nacht auf dem zugefrorenen Yukon River.

Rechts: Mike Ellis aus Fox, Alaska, verlässt den Zielbereich in Dawson. Vor ihm liegt ein 36-stündiger Pflichtaufenthalt in der alten Goldgräberstadt, Zeit für Erholung, die Menschen und Hunde dringend benötigen.

Pünktlich um 11 Uhr fällt der Startschuss. Endlich geht es los. Ein Team nach dem anderen verabschiedet sich auf seinem Weg in tausend Meilen Abenteuer. Ich fotografiere den Start und mache mich mit dem Auto so schnell wie möglich auf zum ersten Checkpoint, Two Rivers, der an der Straße zu den Chena Hot Springs liegt. Lediglich nach Eagle führt im Winter keine Straße, die anderen acht Checkpoints sind mit dem Auto erreichbar. Dies mindert die Härte des Rennens allerdings in keinster Weise, bewegen sich die Musher doch zwischen den Kontrollpunkten teilweise Hunderte Kilometer in absolut unberührter Wildnis. An den Checkpoints werden die Teams erfasst, die Zeiten genommen und tierärztliche Untersuchungen durchgeführt. Teilweise obliegt es den Mushern zu entscheiden, wie lange sie bleiben, an anderen Kontrollpunkten sind Zwangspausen vorgeschrieben, die zumeist vier Stunden (Mile 101, Central, Eagle) dauern, in Braeburn acht und in Dawson sogar 36 Stunden. Jeder Musher hat seine eigene Strategie. Viele der erfahrenen Hundeschlittenführer bleiben an den ersten Checkpoints nur wenige Minuten, sie rasten lieber draußen in der Wildnis, alleine mit ihren Hunden. Andere machen einen längeren Stopp, wärmen sich, kosten das vorzügliche Essen, das von den vielen Freiwilligen zubereitet wird.

Ich bleibe nicht lange in Two Rivers, mein Ziel ist Central, ein kleines Nest am Steese Highway und ebenfalls einer der Checkpoints. Central erwacht eigentlich nur aus seinem Dornröschenschlaf, wenn einmal im Jahr das Rennen hier vorbeikommt. Die Temperaturen in diesem Talkessel liegen bei minus 30 Grad – »spring temperatures«, wie mir die Bewohner in der einzigen Kneipe des Ortes mehrmals versichern, im Winter sind bis zu minus 50 Grad normal – aber für mich kalt genug. Ich stärke mich mit

Oben und links: Jeder Checkpoint hat seinen ganz eigenen Charme und Charakter. Brent Sass erreicht gerade Braeburn, den letzten Kontrollpunkt vor Whitehorse (oben). Man merkt, dass man sich einer größeren Stadt nähert: Die Musher werden bei ihrer Ankunft von der lokalen Presse bedrängt. Allen Moore (links) beantwortet mit viel Geduld die Fragen der Reporter.

Oben: Einer der gemütlichsten Checkpoints überhaupt: Mile 101. Beginnt das Rennen in Fairbanks, ist dies ein wichtiger Ruheplatz, denn vor den Mushern liegt dann der berüchtigte Eagle Summit, einer von mehreren Gipfeln, die im Verlauf des Rennens bezwungen werden müssen – das kostet viel Kraft. Für das leibliche Wohl sorgen die zahlreichen freiwilligen Helfer, hier mit Schinken und Speck (unten).

Links: Rasten bei minus 35 Grad in Circle. Die Hunde tragen dünne Jacken zum Schutz vor der Kälte. Zudem verhindert das Stroh auf dem schneebedeckten Boden, dass sie während der kurzen Rast auskühlen.

einer Suppe und beziehe mein Quartier. Ich muss früh raus, will ich die Teams am Checkpoint Mile 101 abfangen. Direkt am Checkpoint, der noch vor Central liegt, gibt es keine Übernachtungsmöglichkeiten. Mile 101 ist ein wichtiger Punkt, besonders wenn das Rennen wie in diesem Jahr von Fairbanks nach Whitehorse führt, denn der Checkpoint liegt unmittelbar vor dem legendären Anstieg zum Eagle Summit.

Viele der Musher ziehen hier ihre Vier-Stunden-Option. Die Regeln besagen, dass die Hundeschlittenführer die Wahl haben, die vierstündige Zwangspause hier in Mile 101 einzulegen oder auf der anderen Seite des Berges in Central. Ich stelle mir den Wecker auf 4 Uhr früh. Als ich am Morgen aufbreche, zeigt das Thermometer minus 32 Grad, das Wetter ist klar.

EAGLE SUMMIT

Nordlichter tanzen am Himmel. Ich muss mich zurückhalten, nicht die Himmelsphänomene zu fotografieren, sondern mich auf das Rennen zu konzentrieren. In Mile 101 angekommen, stärke ich mich mit Rühreiern und Bratkartoffeln. Die ersten Musher sind bereits da. Brent habe ich verpasst – er hat den Checkpoint in der Nacht passiert. Ich esse so schnell wie möglich, fotografiere noch ein paar ankommende Musher und mache mich dann Richtung Eagle Summit auf. Der Gipfel ist eine der Schlüsselstellen des Rennens: Wenn das Rennen in Whitehorse gestartet wird, ist der Eagle Summit die letzte Herausforderung kurz vor dem Finish in Fairbanks; liegt er wie jetzt am Beginn des Rennens, fordert er die erste große Anstrengung von den Gespannen. Ich stelle mein Auto an der Straße ab, ziehe meine Schneeschuhe an und mache mich auf den

Diese Doppelseite: Die Musher, hier Yuka Honda aus Japan, kümmern sich nach ihrer Ankunft im Checkpoint zuallererst um ihre Hunde. Stroh wird ausgelegt, dann Essen für die hungrigen Tiere gekocht. Je kälter die Temperaturen, desto länger die Prozeduren. Mit fast erfrorenen Händen lässt sich schwer kochen, und Hilfe dürfen die Musher nicht in Anspruch nehmen. Erst wenn alle Hunde versorgt sind, beginnt die Ruhephase für die Schlittenführer.

Links: Brent Sass untersucht die Pfoten eines seiner Hunde. Das Wohl der Tiere hat oberste Priorität. Geht es einem Hund nicht gut, dann wird er nach intensiver tierärztlicher Untersuchung aus dem Rennen genommen.

Unten: Tom Frode Johansen aus Norwegen streift seinen Hunden ihren Pfotenschutz über. Der Pfotenschutz ist oftmals nicht zu vermeiden, zu scharfkantig sind Eis und Schnee. Würde sich ein Tier seine Pfoten verletzen, wäre das das Aus für den Hund.

Rechts: Viel Zuneigung erhält dieser Hund von einer Helferin in Dawson. Die Hunde sind das wichtigste »Kapital« der Musher. Dementsprechend herzlich ist der Umgang. Oft haben die Musher eine tiefe persönliche Beziehung zu den Hunden, insbesondere zum Leithund.

Unten: Allen Moore mit seinen Hunden am Checkpoint Pelly Crossing. An den Rastplätzen werden die Hunde versorgt, sie bekommen Futter und werden von den Mushern und von Tierärzten untersucht.

Rechts: Yuka Honda im Schneetreiben auf dem zugefrorenen Yukon River nahe Dawson. Es ist nicht nur die Kälte, die den Teams zu schaffen macht, sondern auch Wettersituationen wie diese – ohne Sicht ist der Wegverlauf nicht zu erkennen.

Weg zum Trail, der mit langen roten Stangen markiert ist. Schon Tage vor Beginn des Quest sind die Streckenposten mit den Schneemobilen unterwegs, um den Trail abzustecken und zu präparieren – harte Arbeit bei minus 40 Grad und Wind. Nach gut einer Stunde Fußmarsch finde ich die markierte Strecke und warte. Ich habe Glück, das Wetter ist herrlich: minus 20 Grad und Sonnenschein – oft tobt hier oben ein eisiger Wind und macht den Gipfel zum Höllentrip. Langsam zieht ein Hundeschlittengespann nach oben. Es ist Matt Hall, einer der Favoriten des Rennens. Ich fotografiere traumhafte Szenen: der Hundeschlitten inmitten einer unberührten weißen Winter-Berglandschaft. Ich hätte nie zu hoffen gewagt, solche Bilder zu bekommen.

Das Rennen lässt aber keine Pause zu. Ich haste zurück zum Checkpoint nach Central, da ich die führenden Musher nicht verpassen möchte. Ich bin noch in der Hektik des Anfangs und lerne erst nach und nach, dass es nicht wichtig ist, wen ich fotografiere. Wieder habe ich Brent verpasst – der Bursche ist einfach zu schnell. Dafür aber mache ich Bekanntschaft mit Hugh Neff, einer Legende des Quest und einer der großen Herausforderer von Brent. Im Gegensatz zu dem Sieger des Vorjahresrennens macht Hugh in Central ausgiebig Pause. Zeit genug, um ein Bierchen mit ihm zu trinken und zu erfahren, dass er in Deutschland einen eigenen Fanclub besitzt. Auch Yuka erlebe ich in Central, wie sie ganz entspannt mit ihren Hunden arbeitet, ihnen Stroh ausbreitet, Futter zubereitet. Alle Musher kümmern sich zuallererst um ihre Hunde – auch wenn sie selbst völlig ausgehungert sind.

Für mich wird es jetzt anstrengend. Die nächste Nacht werde ich im Auto verbringen, denn in Circle am Yukon River, dem nächsten Checkpoint, gibt es keine Zimmer. Ich mache mich zügig auf

Links: Torsten Kohnert in Central. Das Rennen hinterlässt seine Spuren in den Gesichtern der Hundeschlittenführer. Die Musher sind oft 24 Stunden am Stück wach, an Schlaf ist kaum zu denken. Viele campen in der Wildnis.

Rechts: Allen Moore in Dawson City. 2012 wurde er im knappsten »Yukon Quest«-Finale aller Zeiten von Hugh Neff geschlagen. 2013 gewann er zum ersten und 2014 zum zweiten Mal das »Yukon Quest«.

Links: Mike Ellis bei seiner Ankunft in Dawson City. Der 46-Jährige aus Fox, Alaska, fährt mit Sibirian Huskies von seinem Tsuga Sibirians Kennel. Es ist bereits seine siebte Teilnahme am großen Rennen.

Rechts: Cody Strathe in Circle. Der 39-Jährige aus Ester betreibt mit seiner Ehefrau und »Yukon Quest«-Veteranin Paige Drobny den Squid Acres Kennel. 2016 nahm er zum vierten Mal am »Yukon Quest« teil.

Folgende Doppelseite: Matt Hall, einer der großen Favoriten des Rennens und Lokalmatador, auf dem Weg zum Eagle Summit. Der Sohn des bekannten Mushers Wayne Hall wird in diesem Rennen als Vierter ins Ziel kommen.

Folgende Doppelseite: Solche Bilder machen für mich das »Yukon Quest« aus – die Musher mit ihren Teams in der Weite des Nordens: Allen Moore (S. 84 oben), Brent Sass (S. 84 unten) und zweimal der Sieger des Rennens, Hugh Neff (S. 85 oben und unten).

den Weg nach Norden. Dieses Mal möchte ich Brent Sass auf keinen Fall verpassen. Er führt das Rennen mit großem Vorsprung an, und es wird damit gerechnet, dass er gegen Mitternacht Circle erreichen wird. Ich warte am Checkpoint und schlafe irgendwann im Auto ein. Als Unruhe aufkommt, bin ich sofort hellwach. Ich stehe durchgefroren am Kontrollpunkt und warte. Dann taucht er auf. Alles geht jetzt sehr schnell. Die Offiziellen überprüfen, ob er alle vorgeschriebenen Dinge dabeihat, Schlafsack, Axt, Schneeschuhe, Hundefutter, Kocher, Medizin für die Hunde und achtmal Pfotenschutz. Brent will weiter. Schnell füllt er seinen Benzinkocher mit Treibstoff, dann ist er wieder weg. Schwierig, mitten in der Nacht gute Fotos zu machen. Noch dazu, wenn das Blitzen nicht erlaubt ist. Ich lege mich im Checkpoint auf eine der Matratzen und schlafe ein.

Am frühen Morgen wache ich auf, der ganze Ort ist in Raureif gehüllt. Traumlicht, eiskalt. Die Feuchtigkeit des Flusses ist trotz der meterdicken Eisschicht zu spüren. In Circle geht es erstmals auf den Yukon River. Ab hier wird es einsam, nervenaufreibend und manchmal auch gefährlich. Das Eis des Flusses ist unberechenbar. Die größte Tücke ist das sogenannte Jumble Ice, große, zusammengeschobene, teilweise spitze Eisplatten und Eisschollen mit extrem scharfen Kanten. Darüber hinaus sind mit dem Jumble Ice oft Eisaufbrüche und offenes Wasser verbunden – lebensgefährliche Bedingungen für die Hundeschlittenteams. 159 Meilen sind es von hier bis zum nächsten Checkpoint in Eagle. Dazwischen liegen ein Dog Drop (Slavens Roadhouse) und drei Hospitality Stops.

An den Dog Drops können die Musher ihre Hunde untersuchen lassen und, wenn es sein muss, abgeben. 14 Hunde sind pro Gespann erlaubt. Wird ein Tier krank oder verletzt sich, dann wird

Rechts: Allen Moore auf dem Yukon River. In knapp einer Stunde wird er Whitehorse als Dritter erreichen und hat noch immer 13 seiner ursprünglich 14 Hunde im Rennen – offenbar sind die Tiere gut gepflegt.

es aus dem Rennen genommen und das Team fährt mit reduzierter Hundezahl weiter, wobei die Tierärzte streng sind. Als Hospitality Stops werden kleine Hütten oder Häuser mitten in der Wildnis bezeichnet, deren Bewohner die Teilnehmer des Rennens auf ein warmes Essen und einen heißen Kaffee einladen. Diese gastfreundlichen Orte werden von den Mushern sehr gerne genutzt.

Da der Checkpoint Eagle nur per Flugzeug erreichbar ist, entscheide ich mich, ihn auszulassen. Mir ist es wichtiger, pünktlich mit dem Auto in Dawson City, dem übernächsten Checkpoint, zu sein, der schon im kanadischen Yukon-Territorium liegt. Von Circle nach Dawson sind es auf der Straße gut 1100 Meilen. Ich werde bei den winterlichen Straßenverhältnissen sicher zwei volle Tage brauchen. Wenn ich jeden Tag gut 16 Stunden zügig fahre, gelingt es mir vielleicht, die Einfahrt des Führenden in Dawson zu dokumentieren. Ich fahre zurück nach Fairbanks und von dort immer auf dem Alaska Highway Richtung Osten. Ich passiere unglaubliche Winterlandschaften, wobei ich mich zwingen muss, weiterzufahren und nicht zu fotografieren – was mir nicht immer gelingt. Am Kluane Lake verbringe ich zwei Stunden damit, die wunderbare weiße Berglandschaft auf den Chip zu bannen – zwei Stunden, die ich später vermissen werde. Ich erreiche Dawson nach genau zwei Tagen, aber genau eine Minute zu spät: Brent ist dieses Jahr so schnell wie nie. Keiner hatte schon mittags mit ihm gerechnet. Ich sehe von Weitem nur noch, wie er das Ziel passiert.

Mir wird klar, dass ich meine Strategie ändern muss, nicht mehr nur den Ersten nachrennen, sondern das Quest genießen und auch die hinteren Schlitten abwarten. Dawson, wo die Teams eine 36-stündige Pause einlegen müssen, ist ein guter Ort, um sich neu zu orientieren.

Brent, der dieses Jahr als Erster den berühmten Goldgräberort Dawson erreicht, kann sich über 130 Gramm Gold als Prämie freuen. Direkt am Yukon River haben die Teams ihre Zelte aufgestellt. Nach und nach erreichen auch die anderen den Ort: Allen Moore, Hugh Neff, Matt Hall, Torsten Kohnert usw. Ich genieße die Zeit in dem kleinen Ort, fotografiere ein ankommendes Team nach dem anderen, besuche die Musher in ihrer Zeltstadt. Ich erfahre, dass es oben auf dem berüchtigten American Summit zu kleinen Dramen gekommen ist. Nachdem ein Blizzard aufgezogen war, war der Trail nicht mehr zu erkennen – eine lebensgefährliche Situation für die Musher und ihre Hunde. Laura Neese, ein Neuling aus Michigan, führte eine Truppe von mehreren Hundeschlittengespannen aus dem Sturm. Eine Heldentat, die am nächsten Tag in allen Zeitungen stand.

DIE ENTSCHEIDENDE PHASE

Nach 36 Stunden geht es weiter. Um Mitternacht startet Brent, dann kurz darauf Allen Moore und Hugh Neff. Das Rennen geht nun quasi in die Zielgerade. Noch 451 Meilen und drei Checkpoints bis Whitehorse. Die rennenentscheidende Situation ist dann ganz banal: Irgendwo zwischen Dawson City und Pelly Crossing wird Brent krank, hat Magen-Darm-Probleme. Er muss rasten, schlafen und verliert wertvolle Zeit. Hugh Neff nutzt seine Chance und zieht vorbei. Er erreicht den Checkpoint Pelly Crossing vor Brent Sass, gefolgt von Allen Moore und Matt Hall. Das Wetter wird anormal warm. Nur noch minus vier Grad. Schlecht für die Hunde, die leicht überhitzen. Außerdem verändert sich die Konsistenz des Schnees. Alles wird langsamer. Hugh, jetzt in Führung,

Diese Doppelseite: Hugh Neff auf dem Yukon River (links) und ein paar Kilometer später, als er Whitehorse als strahlender Sieger erreicht (unten) – nach neun Tagen, einer Stunde und 25 Minuten. Er gewinnt das Rennen 2016, nach 2012 zum zweiten Mal und gehört damit zu den ganz großen Mushern Alaskas. Lediglich vier andere Hundeschlittenführer konnten ihren Erfolg im Quest wiederholen.

braust durch den Dog Drop McCabe Creek, Brent macht dort Rast. McCabe Creek ist eine kleine Farm direkt am Yukon River und der einzige Hospitality Stop, der mit dem Auto erreichbar ist. Ich nutze meine Chance und warte dort auf die Musher. Ich werde warmherzig empfangen, verspeise eine leckere Gemüsesuppe, einen warmen Kaffee und die besten Zimtschnecken, die ich je gegessen habe. Brent geht es nicht wirklich gut. Er bleibt zwei Stunden auf der Farm, dann macht er sich trotz gesundheitlicher Probleme wieder auf in die Kälte und Dunkelheit. Die hohen Temperaturen dieses El-Niño-Jahres machen den Teams zu schaffen. Hugh führt weiter: Er erreicht als Erster den Checkpoint in Carmacks und den folgenden in Braeburn.

In Braeburn müssen alle Halt machen. Hier sind acht Stunden Zwangspause vorgesehen. Der Checkpoint ist extrem gemütlich, das kleine Café der Mittelpunkt der Erde – so kommt es mir zumindest vor. Überall Reporter lokaler Zeitungen, Fernsehteams. Man merkt, wir nähern uns Whitehorse. Brent erreicht den Checkpoint als Zweiter und zeigt sich optimistisch. Alles ist noch möglich. Vor ein paar Jahren gelang es Hugh Neff, den damals Führenden, Allen Moore, wenige Meter vor der Zieleinfahrt in Whitehorse noch einzuholen. Er schaltete seine Stirnlampe aus, um Allen nicht darauf aufmerksam zu machen, dass er dicht hinter ihm fuhr. Allen ließ sich überlisten und verlor das Rennen wenige Meter vor dem Ziel.

Dieses Mal kam es anders. Mit all seiner Routine spulte Hugh die letzten Meilen hinunter. Kurz vor Whitehorse platziere ich mich auf dem Yukon River, um den Führenden zu porträtieren. Hugh kommt an mir vorbei, und ich gratuliere ihm aus ganzem Herzen. Ein würdiger Sieger, der das Rennen nun schon das zweite Mal für sich entscheiden konnte. Nach genau neun Tagen, einer Stunde und 25 Minuten erreicht er Whitehorse, die Hauptstadt des Yukon-Territoriums. Alle Anspannung fällt ab – sowohl von Hugh Neff und seinen Hunden als auch von mir. Ich habe das gesamte »Yukon Quest« begleitet, die kleinen und großen Dramen dieses unglaublichen Rennens erlebt. Ein Lebenstraum ist in Erfüllung gegangen, der fast 20 Jahre in meinem Kopf schwebte. Ich werde auf jeden Fall zurückkommen. Das Quest von Whitehorse nach Fairbanks zu begleiten, ist mein nächstes Ziel, und es wird keine 20 Jahre brauchen, bis ich es umsetze. Ach ja, Brent Sass kam als Zweiter ins Ziel. Eine Stunde und 20 Minuten hinter Hugh Neff. Er war überglücklich, bedankte sich rührend bei seinen Hunden und freute sich bereits aufs nächste Jahr.

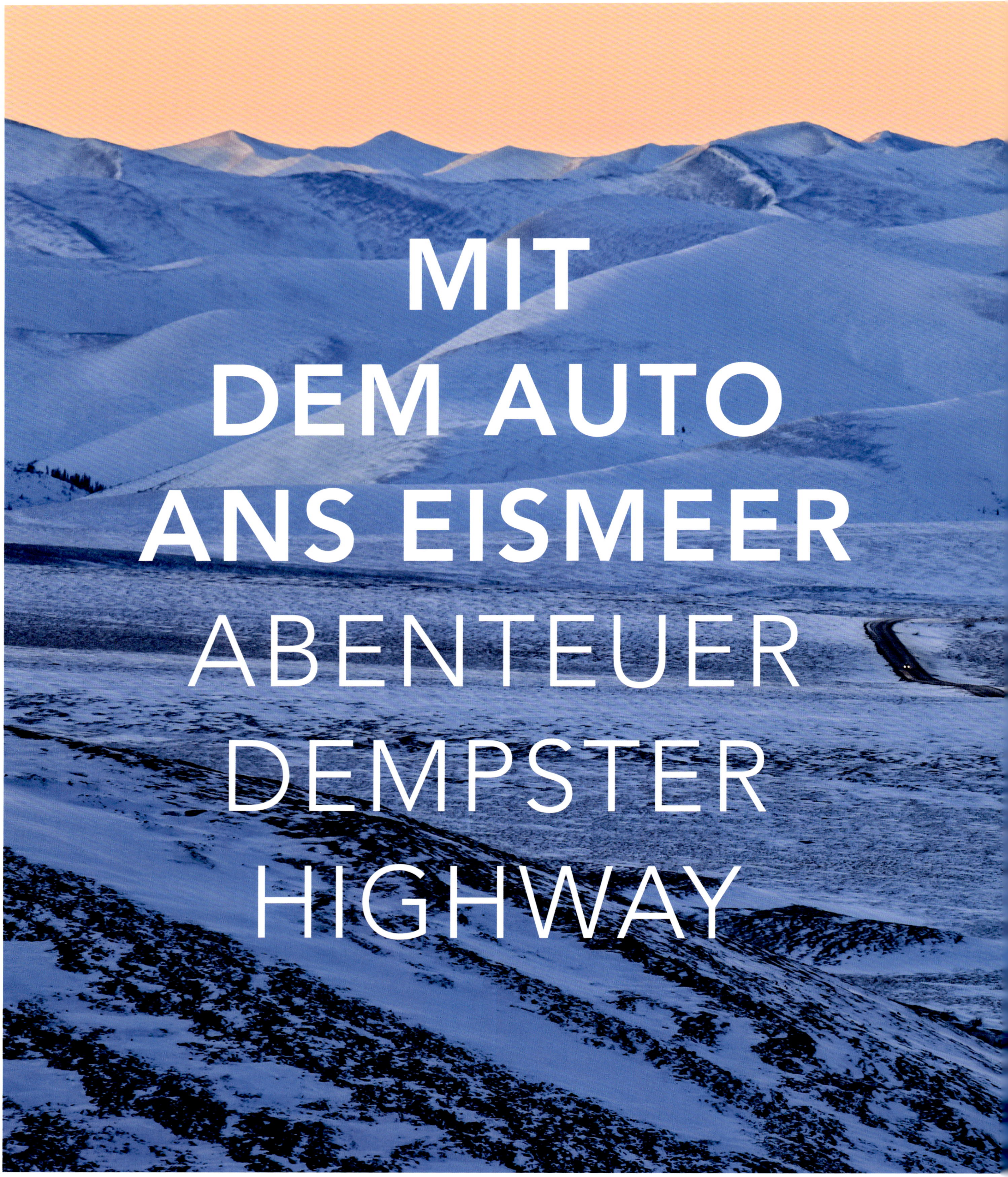

MIT DEM AUTO ANS EISMEER

ABENTEUER DEMPSTER HIGHWAY

Vorhergehende Doppelseite: Der Dempster Highway führt direkt durch die Richardson Mountains, eine wilde Gebirgskette an der Grenze zwischen dem Yukon- und dem Nordwest-Territorium im hohen Norden Kanadas.

Unten: Winterwunderwelt direkt am Straßenrand. Tief verschneit zeigen sich die Bäume auf dem Hochplateau nahe Eagle Plains. Ein Schneesturm oder ein Wärmeeinbruch reichen aus, und diese Märchenwelt ist Vergangenheit.

Rechts: Ein heftiger Schneesturm ist über die Ogilvie Mountains gefegt. Nur langsam lichten sich jetzt die Wolken und geben den Blick auf die Berge frei.

Am 5. September 2009 erreichte ich den kleinen Ort Inuvik. 737 Kilometer auf staubiger, teils schmieriger Piste lagen hinter mir. Zehn Tage hatte ich mir Zeit gelassen, um den legendären Dempster Highway während der vielleicht schönsten Jahreszeit im hohen Norden, des kurzen Herbstes, zu befahren. Ich beobachtete Karibus, wie sie die Straße querten, fotografierte Grizzlys, wie sie sich in wunderbar rot verfärbten Blaubeerbüschen ihren Bauch vollschlugen, erlebte Elche, wie sie in den unzähligen kleinen Seen am Seegrund nach Nahrung suchten. Die Tundra war gelbrot verfärbt. Es war eine absolute Traumreise.

Ich stand nun also in Inuvik am Ende des Highways, da fiel mir ein Schild mit Pfeil Richtung Fluss auf, auf dem »Tuktoyaktuk« stand. Ein Irrtum, dachte ich, da hat sich jemand einen Scherz erlaubt.

Aber nein: Im Touristencenter erfuhr ich, dass es im Winter hier tatsächlich eine Eisstraße gibt, die über den zugefrorenen Mackenzie River und am Schluss noch ein paar Kilometer über den gefrorenen Arktischen Ozean bis hinauf nach Tuk (so die gängige Abkürzung für Tuktoyaktuk) führt. Ich war direkt begeistert: Auf einer Eisstraße im Winter über den zugefrorenen Arktischen Ozean – das hörte sich nach Abenteuer, Weite, Einsamkeit an. Ich wusste sofort, dass ich nicht mehr ruhig würde schlafen können, bis ich dieses Winterabenteuer nicht gewagt hätte. Fast fünf Jahre später, im Februar 2014, machte ich mich schließlich auf – Richtung Norden.

DEMPSTER HIGHWAY: DIE GESCHICHTE

Der Dempster Highway gilt als »King of the Road« des Nordens. Die Schotterpiste führt durch nahezu alle Vegetationszonen des hohen Nordens: Tundra, Taiga, Bergwelten und am Schluss, als Krönung, das Eismeer. Dieser Highway ist die einzige Straße Kanadas, die über den Polarkreis hinausführt. Knapp zehn Monate im Jahr ist der Dempster Highway durchgängig befahrbar. Lediglich ein paar Wochen im Frühling und im späten Herbst muss die Piste an den Übergängen über den Peel und Mackenzie River gesperrt werden, wenn das Eis der Flüsse noch nicht oder nicht mehr dick genug ist, um Autos zu tragen, und der Fährverkehr aufgrund treibender Eisschollen ebenfalls nicht möglich ist.

Der Dempster Highway hat eine lange, holprige Geschichte, zumindest was den Bau betrifft. Die heutige Straße folgt einem alten Hundeschlitten-Trail, der von Dawson City bis zur Indianersiedlung Fort McPherson führte. Die indianische Bevölkerung und ebenso die Hundeschlittenteams der kanadischen Royal Mounted

Police nutzten diesen Trail schon lange. Es sollte aber bis zum Jahr 1959 dauern, bis die kanadische Regierung beschloss, eine durchgängige Straße von Dawson bis nach Inuvik zu bauen. Der Hintergrund für diese Entscheidung waren Öl- und Gasfunde am Delta des Mackenzie River und im Arktischen Ozean.

Etwa zur selben Zeit und mit demselben Ziel, den Norden zu entwickeln, wurde in den fünfziger Jahren der heutige Endpunkt des Highways aus dem Boden gestampft: Inuvik. Eigentlich war das benachbarte Aklavik das traditionelle Zentrum der indigenen Bevölkerung, doch hatte der Ort mit Überflutungen und Bodenerosion zu kämpfen und war nach Ansicht der Regierung nicht als neue Metropole im hohen Norden geeignet. Man entschied sich also, im Niemandsland zwischen den traditionellen Gebieten der Inuit und der Dene-Indianer eine neue Stadt zu errichten.

Der Bau der Straße kam aufgrund von Streitigkeiten zwischen der Regierung des Yukon-Territoriums und der Zentrale in Ottawa und wegen der extrem hohen Baukosten 1961 wieder zum Erliegen. Bis dahin waren lediglich 115 Kilometer fertiggestellt. Das Bauvorhaben erwachte erst Ende der sechziger Jahre wieder aus seinem Dornröschenschlaf, als im benachbarten Alaska riesige Mengen Öl entdeckt wurden. Ein Jahrzehnt später, am 18. August 1979, erfolgte die feierliche Eröffnung des Highways, der nach dem Royal Canadian Mounted Police Inspector William John Duncan Dempster benannt wurde. William Dempster hatte den alten Hundeschlitten-Trail zwischen Dawson City und Fort McPherson als junger Polizist oft genutzt. Im März 1911 war er zusammen mit zwei weiteren Männern der Royal Mounted Police in einer besonderen Mission unterwegs: Inspector Francis Joseph Fitzgerald und

Unten: Dieses unscheinbare Schild markiert den Beginn einer der wildesten und abenteuerlichsten Straßen Nordamerikas: des legendären Dempster Highway. Vor uns liegen über 700 Kilometer Wildnis, Einsamkeit und Abenteuer.

Rechts: Wer den Dempster Highway fahren will, der kommt fast zwangsläufig durch die einstige Goldgräberstadt Dawson City. Die kleine Stadt ist schön anzusehen, aber auch wichtige Versorgungsstation vor dem langen, einsamen Highway.

drei seiner Männer waren auf ihrer Winterpatrouille auf dem Weg von Fort McPherson nach Dawson City verschollen. Als sie am 20. Februar 1911 Dawson noch immer nicht erreicht hatten, wurden Dempster und seine Begleiter als Suchpatrouille ausgesandt. Sie konnten ihre Kameraden allerdings nur noch tot bergen: Sie fanden sie am 22. März 1911 knapp 50 Kilometer von Fort McPherson entfernt, gestorben an Erschöpfung und Hunger.

DEMPSTER HIGHWAY: FEBRUAR 2014

Im Februar 2014 stehe ich dann also endlich wieder vor dem Schild »Dempster Highway«, dem Ausgangspunkt der Straße. Anders als im September vor fünf Jahren zeigt die Temperaturanzeige meines Autos nicht plus 15, sondern minus 40 Grad. Zunächst fahre ich nach Dawson City, um einzukaufen und mein Auto arktistauglich zu machen. Ein kleiner Umweg von knapp 40 Kilometern auf dem Klondike Highway Richtung Osten, dann erreiche ich die legendäre Goldgräberstadt Jack Londons. Die Durchschnittstemperaturen im Februar liegen bei minus 25 Grad. Ich kaufe eine Decke aus dickem Stoff, eine Schaufel und einen Benzinkocher. Mit der Stoffplane decke ich den Kühlergrill ab – eine wichtige und in Dawson übliche Maßnahme, um den Motor vor der Kälte zu schützen. Die Schaufel brauche ich, um das Auto bei einem Unfall aus dem Schnee befreien zu können, den Kocher, um ein paar Stunden oder im schlimmsten Fall Tage ein wenig Wärme zu bekommen und kochen zu können. Im kleinen Supermarkt decke ich mich mit den notwendigsten Lebensmitteln ein. Morgen soll es losgehen. Ein wenig mulmig ist mir schon. Knapp 740 Kilometer sind es bis nach Inuvik, weitere 184 Kilometer auf der Eisstraße bis Tuk. Es sind nicht nur die tiefen Temperaturen, die gefährlich werden können, sondern auch die Stürme in den Richardson Mountains. Darüber hinaus kann das Wetter in Minutenschnelle wechseln. Am nächsten Morgen liegt die Temperatur bei minus 20 Grad und es schneit leicht. Ich tanke mein Auto auf, fülle zwei zusätzliche Benzinkanister mit Treibstoff und starte in mein Abenteuer.

Den Dempster Highway erreiche ich bei leichtem Schneefall. Es geht fast kein Wind. »Next Services 220 km« steht auf dem Schild. Bis nach Eagle Plains muss ich es heute schaffen, am besten noch bei Helligkeit, was gar nicht so leicht ist, wenn man bedenkt, dass Anfang Februar die Sonne erst um 9 Uhr 30 aufgeht und um 15 Uhr schon wieder unter. Eagle Plains bietet die einzige Tank- und Übernachtungsmöglichkeit vor Fort McPherson. Ich bin überrascht, wie gut es sich auf der schneebedeckten Piste fahren lässt. Viel besser als im Herbst, als meine Durchschnittsgeschwindigkeit bei 40 Stundenkilometern lag. Keine Schlaglöcher, keine kleinen Steine, die eine Gefahr für die Reifen darstellen. Ich kann gut 60 Kilometer pro Stunde zurücklegen. Ich versuche trotzdem, so langsam wie möglich zu fahren. Der Highway führt zunächst durch typisch nordischen Nadelwald. Dann, nach etwa 50 Kilometern, geht es steil bergauf. Ich steuere jetzt direkt in die Ogilvie Mountains mit der berühmten Tombstone Range als ständigem Blickfang. Schon nach wenigen Kilometern auf der Straße merke ich, wie ruhig ich werde: kein anderes Auto, kein Straßenlärm, absolute Stille. Oben am Pass öffnen sich die Wolken und intensives, gelboranges Licht taucht die tief verschneiten Berge in eine fast unwirkliche Atmosphäre. Je weiter ich bergauf fahre, desto milder wird es. Aus den anfänglichen minus 20 werden schnell minus 10 Grad. Nur der Wind frischt merklich auf. Ich fahre weiter Richtung Norden. Das Licht ist um 11 Uhr vormittags immer noch grandios. Wirklich hoch steigt die Sonne zu dieser Jahreszeit nicht.

Dann plötzlich steht ein Trupp Karibus vor mir auf dem Highway. Neben der Straße sind es sicherlich mehrere Hundert Tiere. Sie gehören zur berühmten Porcupine-Karibuherde, die die Wintermonate in den geschützten Wäldern des Yukon-Territoriums verbringt, um im Frühsommer wieder an die Küste Alaskas zu wandern, immer auf der Suche nach den besten Weideplätzen. Der Anblick der Karibus erfüllt mich mit tiefer Freude: meine absoluten Lieblingstiere in dieser Gegend. Karibus werden häufig unterschätzt, dabei sind sie extrem robust und bewundernswert genügsam. Sie verbringen das ganze Jahr im hohen Norden, halten im Winter Temperaturen von bis zu minus 50 Grad aus und im Sommer Millionen von Stechmücken. Dabei brauchen sie nicht viel zum Leben, lediglich ein paar Moose, Gräser und Flechten – und Raum zum Wandern, der ihnen heute leider zusehends genommen wird. Die indianische Bevölkerung des Nordens verehrt diese Tiere, waren sie doch bis vor gar nicht allzu langer Zeit wichtigste Nahrungsquelle.

Ich fahre weiter, die Landschaft wird jetzt wieder flacher und gibt den Blick in die Ferne frei. Plötzlich sehe ich direkt am Straßenrand einen Rotfuchs. Ich halte an, springe aus dem Auto und versuche, mit meinem 500-Millimeter-Objektiv ein paar Bilder zu machen. Der Fuchs sieht mich, lässt sich aber nicht stören. Er trottet einfach dahin. Wunderschön. Er hat sein dickes Winterfell angelegt und kommt mir fast doppelt so groß vor wie im Sommer. Er nähert sich mir auf knapp zehn Meter – das gibt es nur im hohen

Vorhergehende Doppelseite: Die Richardson Mountains erglühen im Licht der untergehenden Sonne, das im Winter besonders intensiv ist. Die Luft ist klar, kein Dunst, keine Feuchtigkeit schwächen die Kraft der Sonne.

Unten: Tiere haben auf dem Dempster immer Vorfahrt. Hier steht eine Gruppe Karibus seelenruhig mitten auf dem Highway. Viele Tiere nutzen die Piste zur Fortbewegung – auf dem Highway fällt das Laufen leichter.

Rechts: Ein großer Rotfuchs in seinem dicken Winterfell. Die Tiere haben hier oben wenig Scheu vor Menschen. Das Foto ist aus dem Auto aufgenommen, nur etwa zehn Meter trennten mich von dem Fuchs.

Norden, wo die Tiere fast keine Scheu vor Menschen haben. Die Reise beginnt perfekt: die Karibus, ein Rotfuchs, und das alles bei Prachtwetter. Ich muss mich langsam beeilen: Ich habe noch knapp 150 Kilometer vor mir, und es ist bereits 13 Uhr. Trotzdem halte ich immer wieder an, springe aus dem Auto und mache Bilder. Schließlich erreiche ich Eagle Plains, eine Tankstelle mit angeschlossener Reparaturwerkstatt, ein Hotel, mehr nicht. Der kleine Truckstopp nennt sich selbst »An oasis in the wilderness«, was aus meiner Sicht eine sehr treffende Bezeichnung ist. Ich war im Herbst schon begeistert von dem Essen, der Einrichtung, der Lage. Jetzt im Winter schaut alles noch gemütlicher aus. Ich beziehe mein Quartier und bin ein wenig überrascht, dass so viele Pick-ups vor dem Hotel parken. Ich erfahre, dass sie Ölarbeitern gehören, die seit zwei Jahren im Winter hier in der Gegend zugange sind. Wieder einmal zeigt sich, dass keine Region im hohen Norden vor dem langen Arm der Ölindustrie sicher ist. Lange schon war bekannt, dass es große Gas- und Ölvorkommen nahe Eagle Plains gibt, jetzt sollen sie also erschlossen werden. Ein weiteres riesiges Wildnisgebiet steht auf der Kippe. Es soll sogar eine Straße nach Old Crow, einer Indianersiedlung im Nordwesten, gebaut werden.

Am nächsten Morgen der nächste Dämpfer, das Wetter hat umgeschlagen, ein Blizzard fegt über die Hochebene. Der Highway ist geschlossen, die Schranken unten. Jetzt heißt es warten, zwei lange Tage, die aber wie im Flug vergehen. Ich bin ja nicht der einzige Gestrandete: ein paar Indianer aus Fort McPherson, ein Geschäftsmann aus Inuvik, drei Truckfahrer, die nach Tuktoyaktuk wollen – alle warten gemeinsam und erzählen sich ihre Geschichten aus dem Norden: der Blizzard 1998, die Kälte 2002, der Unfall im vergangenen Jahr … ein Traum, ich könnte stundenlang zuhören und dabei einen Kaffee nach dem anderen trinken.

Dann, am dritten Tag, klart das Wetter auf. Windstille. Die Temperaturen sind auf minus 40 Grad abgesunken. Jetzt muss man beim Fahren aufpassen, denn aufgrund des Windchill-Effekts, also der kühlenden Kraft des Windes, ergeben sich Temperaturen weit unter minus 40 Grad. Die Gefahr, dass beim Fahren das Öl zu zäh wird oder der Motor einfriert, ist groß. Ich starte mit einem leicht mulmigen Gefühl. Nach ein paar Kilometern erreiche ich den Polarkreis, meine magische Linie. Natürlich fotografiere ich das Schild. Die Landschaft ist wie aus einer anderen Welt: alles tief verschneit, die Bäume und Sträucher von einer dicken Raureifschicht überzogen, Winterwunderland. Fotografieren wird jetzt zur Schwerstarbeit. Meine Finger sind manchmal trotz der dicken Handschuhe so

steifgefroren, dass ich den Auslöser meiner Kamera nicht mehr durchdrücken kann. Ich erreiche die Richardson Mountains, den vielleicht landschaftlich schönsten Streckenabschnitt des gesamten Highways. Hocharktisch schaut hier alles aus. Kein Baum, kein Strauch mehr. Fantastisch. Dann passiere ich die Grenze zum benachbarten Nordwest-Territorium. Der Blick von der Passhöhe über die weite Tundra auf die runden Kuppen der Richardson Mountains ist einfach atemberaubend.

Nördlich der Richardson Mountains verändert die Landschaft wieder ihr Bild. Die Berge werden abgelöst von weiten Waldgebieten, der Taiga. Eiskalt im Winter und relativ warm im Sommer. Kurz vor Fort McPherson führt der Highway über den zugefrorenen Peel River – meine erste Eisstraße. Dann erreiche ich Fort McPherson, das 1849 von John Bell, einem Mitarbeiter der Hudson's Bay Company, als Handelsniederlassung gegründet wurde. Der Ort liegt strategisch günstig am Ostufer des Peel River, einem Gebiet, das die ansässigen Gwich'in-Indianer schon lange zum Fischfang und Jagen nutzten.

Erst um 1925 begann die indigene Bevölkerung, sich im Ort dauerhaft niederzulassen. Anfangs errichteten sie kleine Hütten und nutzten diese nur zu speziellen Anlässen. Nach und nach kamen immer mehr und siedelten sich dauerhaft hier an. Heute leben knapp 800 Menschen in Fort McPherson. In den Fokus der Öffentlichkeit geriet der kleine Ort in den letzten Jahren durch den Protest seiner Bewohner gegen Maßnahmen der Regierung des angrenzenden Yukon-Territoriums. Diese wollte große Teile des 68 000 Quadratkilometer umfassenden Einzugsgebietes des Peel River zur Ausbeutung von Öl, Gas und Gold freigeben. Ich habe

die Auswirkungen dieser Explorationsmaßnahmen schon in Eagle Plains erleben können, und für die indigene Bevölkerung steht viel mehr auf dem Spiel als die Verwandlung eines einsamen Truckstopps in einen überfüllten. Die Indianer haben zu Recht Angst, dass das Wassereinzugsgebiet des Peel River durch die Ausbeutung nachhaltig gestört oder gar vernichtet werden könnte. Ein Unfall wäre eine Katastrophe. Das Gebiet ist Heimat unzähliger Tierarten, die für das Überleben der Indianer von elementarer Bedeutung sind. Insbesondere der Fischreichtum der zahlreichen Flüsse wäre existenziell bedroht. Aber auch der Lebensraum anderer Tierarten wie der Wölfe, Karibus, Elche, Bären und unzähliger Vogelarten wäre gefährdet. Ein Wildnisgebiet so groß wie Neuschottland ist hier bedroht. Der Kampf um die Ressourcen des Nordens hat gerade erst begonnen, Ausgang ungewiss.

Mich zieht es weiter Richtung Norden, ich möchte am Abend in Inuvik sein. Bei Tsiigehtchic, einem 190-Seelen-Nest, treffen der Mackenzie River und der Arctic Red River aufeinander. Wieder gilt es, eine kurze Eisstraße zu bewältigen. Man merkt es kaum, wenn man über den zugefrorenen Fluss fährt. Es sind lediglich ein paar Hundert Meter auf dem Fluss, doch irgendwie ist schon das unheimlich. Bei Einsetzen der Dämmerung erreiche ich Inuvik, die Metropole im hohen Norden. Knapp 3400 Menschen leben hier in der größten Stadt Kanadas nördlich des Polarkreises: 60 Prozent Weiße, 25 Prozent Inuit, 15 Prozent indianische Bevölkerung. Die größte Sehenswürdigkeit ist die in Igluform errichtete Kirche des Ortes. Ich beziehe mein Quartier ein wenig außerhalb des Ortes in einer gemütlichen, kleinen Blockhütte. Den Vermietern erzähle ich von meinem Vorhaben, die Eisstraße zu befahren. Für sie nichts Unge-

Diese Doppelseite: Nach knapp 220 Kilometern »on the road« erreicht man die kleine Raststätte Eagle Plains. Sie nennt sich selbst »An oasis in the wilderness« – und es stimmt tatsächlich: Hier kann man wunderbar essen und gemütlich übernachten. Vor allem aber ist diese Oase ein Treffpunkt für alle, die auf dem Highway unterwegs sind. Truckfahrer erzählen ihre Highway-Geschichten, Touristen tanken und lassen ihre kaputten Autos reparieren.

wöhnliches, ich solle halt aufs Wetter schauen. Ein weiser Rat: Am nächsten Morgen tobt wieder ein Sturm, und die Eisstraße nach Tuktoyaktuk ist gesperrt. Offiziell heißt die Eisstraße »Tuktoyaktuk Winter Road«, da sie nur im Winter, meist zwischen Dezember und April, befahrbar ist. Sie ist in der kalten Jahreszeit die einzige Versorgungsstraße für den kleinen Ort im hohen Norden. Es wird versucht, die Straße möglichst vor Weihnachten zu öffnen, um den Bewohnern Tuktoyaktuks ihre Weihnachtseinkäufe in Inuvik zu ermöglichen, was aber nicht immer klappt. Aktuell ist eine Ganzjahresstraße im Bau, eine Schotterpiste, die bereits 2018 befahrbar sein soll. Damit wird die legendäre Eisstraße wohl der Vergangenheit angehören, und eine Ära wird zu Ende gehen.

Nach einem Tag Wartezeit starte ich. Das Wetter ist zwar nicht wirklich gut, aber ausreichend, um das Abenteuer zu wagen. Langsam gleitet mein Wagen aufs Eis. Jetzt wird es ernst. Ich fahre nur knapp 50 Stundenkilometer, Höchstgeschwindigkeit wären 70 Stundenkilometer, was mir sehr ambitioniert vorkommt. Die 184 Kilometer lange Straße führt anfangs durch flaches, recht eintöniges Waldland über das zugefrorene Flusssystem des Mackenzie River. Dann erreiche ich die Baumgrenze, die arktische Tundra beginnt. Hocharktis, genau nach meinem Geschmack. Ich fotografiere immer wieder durch das teilweise kristallklare Eis. Ein wenig besorgt bin ich nur dann, wenn einer der wenigen Trucks an mir vorbeifährt. Das hohe Gewicht der Lastwagen verursacht eine Bugwelle unter dem Eis, die deutlich zu spüren ist. Die Truckfahrer sind absolute Könner und Experten, und trotzdem kommt es immer wieder zu gefährlichen Unfällen, wenn ein Truck ins Schlittern gerät oder im Eis einbricht. Da das Wasser unter dem Eis in ständiger Bewegung ist, kann es auch bei sehr niedrigen Temperaturen zu gefährlichen Eisaufbrüchen kommen. Die Iceroad Patrol ist aber ständig unterwegs und scannt die Straße nach Gefahren. Ich erreiche Tuk nach knapp drei Stunden. Irgendwie bin ich erleichtert, wieder festen Boden unter meinen Füßen zu spüren.

Tuktoyaktuk oder Tuktuyaaqtuuq (wörtlich: »Sieht aus wie ein großes Karibu«) liegt direkt an der Beaufortsee und hat knapp 850 Einwohner, die zu 80 Prozent den westkanadischen Inuit angehören. Lange Zeit war Tuk nur eines von vielen Inuit-Dörfern im hohen Norden, am Ende der Welt. Das änderte sich im Kalten Krieg. In den fünfziger Jahren wurden nahe dem Ort Radarstationen errichtet, die nach Russland horchen sollten. Der Ort war jetzt strategisch wichtig. Seine Bedeutung stieg noch weiter, als in den siebziger Jahren, zur Zeit der Ölkrise und Ölknappheit, die kanadische

Vorhergehende Doppelseite: Eine eiskalte Vollmondnacht in den Ogilvie Mountains. Ich war auf dem Highway unterwegs, um Nordlichter zu fotografieren. Leider zeigte sich kein einziges.

Diese Doppelseite: Einer der magischsten Momente, die ich im hohen Norden erlebt habe. Auf meiner Fahrt entdeckte ich einen großen Luchs am Straßenrand (rechts). Sofort stoppte ich das Auto und begann zu fotografieren. Plötzlich tauchten auf der anderen Straßenseite drei weitere Tiere auf. Vier Luchse auf einmal – unglaublich. Ich machte Bekanntschaft mit einer ganzen Luchsfamilie, einer Mutter mit ihren drei Jungen.

Regierung nach eigenen Ölquellen suchte und in der Beaufortsee nördlich des Ortes fündig wurde. Tuktoyaktuk war nun Ausgangspunkt für die Öl- und Gasausbeutung im Arktischen Ozean. In den achtziger und neunziger Jahren wurde es wieder ruhig um Tuk. Heute verspricht sich der Ort in erster Linie von der neuen Straße wirtschaftlichen Rückenwind. Ich mache noch einen Besuch im natürlichen Kühlschrank des Ortes: Eine Treppe führt hinab in den aufgebrochenen Permafrostboden mit ganzjährig konstanten Temperaturen weit unter dem Gefrierpunkt. Die unterirdischen Kühllager stehen dem ganzen Ort zur Verfügung, und die Menschen nutzen sie offenbar: Ich entdecke Unmengen an Fleisch – Karibu, aber auch Moschusochse und tiefgefrorener Fisch. Die Jagd steht hier als Mittel der Nahrungsbeschaffung noch weit oben.

Nach drei Stunden in Tuk fahre ich wieder Richtung Inuvik. Ich kann es noch gar nicht ganz fassen: Ich habe die berühmte Eisstraße gemeistert. Am frühen Abend erreiche ich Inuvik, wo ich noch eine Nacht verbringe und mich dann wieder in Richtung Süden auf den Weg mache. Durch die weite Taiga des Nordens und die grandiose Gebirgswelt der Richardson Mountains geht es zurück. Am Abend komme ich in Eagle Plains an. Ich miete mich für weitere zehn Tage im Truckstopp ein, unternehme Wanderungen mit Schneeschuhen, beobachte intensive, grüne Nordlichter, bewundere die kleinen, weißen Schneehühner, wie sie der Kälte trotzen. Nach zehn Tagen verlasse ich wehmütig diesen magischen Ort.

Trübe Gedanken über die Zukunft dieser Gegend im Fadenkreuz von Ölindustrie und Klimawandel begleiten mich, als ich abreise. Dann reißt mich eine plötzliche Bewegung am Straßenrand aus meinen Überlegungen. Ich halte sofort an und entdecke, keine zehn Meter von mir entfernt, einen jungen Luchs. Vor lauter Aufregung fällt mir die Kamera aus der Hand, und bis ich alles hergerichtet habe, ist er schon wieder verschwunden. Zum Glück taucht er bald wieder auf mit einem zweiten Luchs im Schlepptau. Ich mache gefühlte hundert Bilder von den beiden Tieren. Da taucht plötzlich noch ein drittes Tier auf, und dann noch ein viertes – eine ganze Luchsfamilie, direkt vor mir auf der Straße. Ich kann mein Glück kaum fassen und fotografiere wie im Rausch.

Wie in Trance fahre ich die nächsten 200 Kilometer nach Dawson, erreiche den Ort gegen Mitternacht. Das Thermometer zeigt minus 42 Grad. Ich falle ins Bett meines Hotels und träume von Luchsen, Eisstraßen, Nordlichtern, Karibus und den wunderbaren Welten des hohen Nordens.

Unten: Eisblumen auf einem zugefrorenen See in den Ogilvie Mountains gegen 11 Uhr morgens. Nur im Februar, wenn die Sonne nicht allzu hoch steigt, ist das Licht auch am späten Vormittag noch so schön.

Diese Doppelseite: Während meiner Reise auf dem winterlichen Dempster Highway stieg das Thermometer nie über minus 30 Grad – eine Herausforderung für mich und mein Auto, aber fotografisch gesehen ein Traum.

Folgende Doppelseite: Der Dempster Highway führt durch eine Landschaft, wie sie typisch für den hohen Norden ist. Dieses ist eines meiner Lieblingsbilder, da es die Einsamkeit und Ruhe dieser Wildnis heraufbeschwört.

Diese Doppelseite: Als ich am Abend das Hochplateau bei Eagle Plains erreichte, verfärbte sich der Himmel fast unwirklich rot. Während in unseren Breiten Abend- oder Morgenröte lediglich ein paar Minuten dauern, zieht sich das Naturschauspiel im Norden über sage und schreibe eine Stunde hin.

Unten: Impressionen aus den Richardson Mountains: Eine Windhose pfeift über die baumlose Tundra am Fuß der Berge. Windgeschwindigkeiten von über hundert Stundenkilometern sind hier keine Seltenheit.

Rechts oben: Am frühen Morgen zeigt sich ein sogenannter Halo-Effekt in den Richardson Mountains. Er entsteht, wenn sich das Licht der Sonne an Eiskristallen bricht, die bei großer Kälte durch die Luft schwirren.

Rechts unten: Das Licht der Morgensonne zeichnet einen intensiven, gelborangen Schimmer auf die Bergrücken der Richardson Mountains. Das Lichtspektakel dauerte lediglich eir paar Minuten, dann kam ein Schneesturm auf.

Rechts: Die Straße ist mit Vorsicht zu genießen. Es wird kein Salz gestreut, man fährt auf einer dünnen Schicht aus Eis und Schnee. Wenn dann in den Bergen Gefälle wie diese zu überwinden sind, ist höchste Konzentration gefordert.

Unten: Der Wind ist in den Richardson Mountains ein ewiger Begleiter. Oft fegt der lockere, trockene Schnee so über den Highway, dass keine Straße mehr zu erkennen ist. In solchen Situationen ist Vorsicht geboten.

Unten: Unterwegs auf der Iceroad von Inuvik nach Tuktoyaktuk. Nördlich der Baumgrenze, die etwa hundert Kilometer oberhalb von Inuvik liegt, befindet man sich in der absoluten Hocharktis. Die Landschaft ist eintönig, die Fahrt dennoch spannend.

Unten: Impressionen aus den drei »Metropolen« des Nordens: Inuvik, Tuktoyaktuk und Fort McPherson. In Downtown Inuvik am Ende des Dempster Highway leben knapp 3400 Menschen.

Rechts oben: Ein Halo-Effekt zeichnet sich über den Häusern von Tuktoyaktuk ab. Der Ort ist im Sommer nur mit dem Boot oder dem Flugzeug zu erreichen. Im Winter verbindet die Iceroad die Siedlung mit dem Rest der Welt.

Rechts unten: Fort McPherson liegt direkt am Highway und ist ein absolutes Kälteloch. Als ich den Ort passierte, zeigte mein Thermometer im Auto minus 43 Grad. Bei Aktivitäten im Freien ist nun Vorsicht geboten.

Diese Seite: Auch heute noch spielt die Jagd in Tuktoyaktuk eine bedeutende Rolle. Viele der eingeflogenen Lebensmittel sind für die meisten Bewohner einfach zu teuer. Darüber hinaus ist die Jagd ein äußerst wichtiges Element in der Kultur der Inuit.

Links: Die Jagd stärkt den Gemeinschaftssinn und das Zusammengehörigkeitsgefühl in den Dörfern. Auch ist das Fleisch der Tiere, wie das von Karibus, Eisbären, Schneehasen oder Moschusochsen, viel gesünder als die meisten der eingeflogenen »modernen« Lebensmittel.

Rechts: Wartungsarbeiten an der Iceroad nahe Tuktoyaktuk: Man bohrt Löcher ins Eis, das Wasser flutet die Straße, gefriert und dient als natürliches Baumaterial; auch die Dicke der Eisschicht wird regelmäßig überprüft.

Folgende Doppelseite: 184 Kilometer von Inuvik nach Tuktoyaktuk, vom Mackenzie River und dessen Seitenarmen bis an den Arktischen Ozean. Ab 2018 soll eine Schotterpiste die beiden Orte auch im Sommer verbinden – das Aus für die legendäre Iceroad.

TUNU
GRÖNLANDS WILDER OSTEN

Vorhergehende Doppelseite: Auf dem Weg von Reykjavík (Island) nach Kulusuk (Grönland): Erst ganz am Ende des zweistündigen Fluges lichteten sich langsam die Wolken und gaben den Blick auf Grönlands Ostküste frei.

Diese Doppelseite: Unterwegs im Scoresbysund, dem längsten Fjordsystem der Welt. Im Wasser treiben mächtige Eisberge. Sie sind nicht ungefährlich, lugen doch nur ihre Spitzen aus dem Wasser, während der größte Teil unter der Oberfläche lauert, was bekanntermaßen zu Fehleinschätzungen führen kann. Selbst großen Schiffen können diese Kolosse gefährlich werden. Ab einer gewissen Masse können Eisberge im Wasser bis zu drei Jahre überdauern.

Februar 2017. Ich bin auf dem Weg nach Ostgrönland. Die kleine Maschine von Air Iceland ist gerade in Reykjavík gestartet. Ich habe Glück, dass alles so reibungslos klappt. Oft müssen die Flüge im Winter abgesagt werden, da das Wetter in Grönland nicht mitspielt. Ein netter Mitreisender aus Reykjavík erklärt mir, dass es schon unglaublich sei, dass zwei benachbarte Länder landschaftlich, klimatisch, aber auch kulturell so verschieden sein können wie Island und Grönland. Besonders der Osten dieser riesigen Insel sei etwas ganz Besonderes. Die Menschen in Westgrönland nennen den Osten »Tunu«, was so viel wie »Rücken« bedeutet und nicht immer freundlich gemeint ist: Ostgrönland ist für sie Hinterland, tiefste Provinz. Abgelegen ist dieser Teil Grönlands tatsächlich, er ist von Island aus leichter zu erreichen als von Nuuk, der Hauptstadt Grönlands. Mein freundlicher Mitreisender ist mit zwei anderen Isländern unterwegs. Sie nehmen den beschwerlichen Weg von Reykjavík nach Tasiilaq auf sich, um in den kleinen Siedlungen an der Küste Schachturniere für Kinder durchzuführen. Die Dreiertruppe ist mir auf Anhieb sympathisch. Ich werde ihnen auf meiner Reise immer wieder begegnen. Wir befinden uns über der Dänemarkstraße, aber dichte Wolken versperren den Blick aufs Wasser.

MEINE ERSTE REISE NACH OSTGRÖNLAND

Meine Gedanken kreisen zurück in den Herbst 2011. Es scheint Schicksal zu sein, dass mein Projekt »Im Bann des Nordens« auf einer Reise nach Ostgrönland begann und hier auch enden soll. Im August 2011 war ich nach Ostgrönland gereist, um zu entspannen, zur Ruhe zu kommen, mich von einem anstrengenden Arktis-Projekt zu erholen. Ich wollte damals einfach die Ruhe des Nordens genießen und gar nicht unbedingt fotografieren.

Der Scoresbysund im Nordosten war mein Ziel. Es ist das größte und längste Fjordsystem der Welt und landschaftlich wahrscheinlich mit das Spektakulärste, was ich jemals zu Gesicht bekommen habe. Aus der Luft gleicht das Fjordsystem einem verästelten Baum. Von dem 110 Kilometer langen Hauptarm zweigen unzählige Fjorde ab. Der längste erstreckt sich über 350 Kilometer. Die Gesamtfläche beträgt 38 000 Quadratkilometer. Spitze, zackige Berggipfel reihen sich hier wie Perlen an einer Schnur. Von allen Seiten ziehen sich lange Gletscherzungen die Berge hinunter und kalben ins Meer, Eisberge driften im Wasser. Eine wahre Wunderwelt aus Eis, Wasser und Stein.

Ich war damals mit ein paar anderen Arktis-Begeisterten unterwegs. Wir hatten uns ein kleines Segelboot samt Kapitän und Mannschaft gechartert und sind 14 Tage lang durch die Fjordwelt des Scoresbysundes gesegelt. Tiere haben wir fast keine gesehen außer ein paar Schneehasen und einem Moschusochsen. Die Inuit in Ittoqqortoormiit, der einzigen größeren Siedlung am Rande des Scoresbysundes und Ausgangspunkt unserer Reise, machen Jagd auf die Tiere der Arktis, weswegen diese naturgemäß sehr scheu sind. Die Jagd ist hier am Rande der Welt immer noch eine wichtige Nahrungsquelle.

Ittoqqortoormiit ist kein gewachsener Ort. Gebietsstreitigkeiten mit Norwegen veranlassten Dänemark, diese Siedlung im nördlichen Ostgrönland 1925 zu gründen. Dänemark hatte 1920 ganz Grönland beansprucht, die Norweger wollten ihnen aber nur die bewohnten Gebiete überlassen, also den Ammassalik-Distrikt im Süden der Ostküste und die Westküste. Für sich selbst beanspruchten sie hingegen die unbesiedelte Region im Norden, da sich nur norwegische Schiffe traditionell an diese raue Küste wagten, um Wale und Robben zu jagen. Als Reaktion auf diesen Vorstoß siedelten die Dänen eine Gruppe von über 80 Inuit aus dem Ammassalik-Bezirk nach Norden um, die Ittoqqortoormiit gründeten. Den Inuit wurde versprochen, dass sie im Norden bessere Jagdbedingungen vorfinden würden, was sich auch zunächst bewahrheitete. Heute leben 381 Menschen in Ittoqqortoormiit, am Rande der Welt, Tendenz sinkend. Die Menschen hier oben haben und hatten es nie leicht, das Klima ist unwirtlich, die Jahresdurchschnittstemperatur liegt bei minus 7,5 Grad, und selbst im Sommer ist die Küste oft noch von einem dichten Packeisgürtel umgeben,

Diese Doppelseite: Ursprung der schwimmenden Kolosse sind unzählige Gletscher, die ihr Eis an der gesamten ostgrönländischen Küste ins Meer schieben – sie »kalben«, wie es in der Fachsprache heißt. Auf dem unteren Bild ist die mächtige Abbruchkante eines dieser Gletscher zu sehen, der sein Eis knapp 80 Kilometer nördlich von Tasiilaq ins Meer »spuckt«. Rechts treibt einer der riesigen Eisberge durch das Fjordsystem des Scoresbysundes.

sodass die Jagd mit Booten eine gefährliche Herausforderung darstellt. Während der Reise im Jahr 2011 verliebte ich mich in den wilden Osten Grönlands, der landschaftlich um so vieles reizvoller ist als der vielbesuchte Westen der riesigen Insel. Ich beschloss damals, irgendwann auch im Winter zu kommen. Es musste nicht Ittoqqortoormiit sein, es reichte auch eine der Siedlungen im Süden.

RÜCKKEHR NACH OSTGRÖNLAND

Es dauerte bis zum Februar 2017, bis ich nach Ostgrönland zurückkehrte. Nun also der Winter, Februar, der kälteste Monat. Ziel meiner Reise ist dieses Mal Tasiilaq, die größte Siedlung in Ostgrönland,

und ich habe vor, dort in erster Linie spektakuläre Winterlandschaften zu fotografieren. In der Gegend rund um Tasiilaq hatte ich schon 2011 auf dem Rückweg von Ittoqqortoormiit ein paar Tage verbracht. Die Bergwelt hier im Südosten ist nicht minder spektakulär als rund um den Scoresbysund – ein formvollendeter Berg nach dem anderen, einfach atemberaubend.

Unser Flugzeug nähert sich langsam der ostgrönländischen Küste. Die dichten Wolken reißen auf und geben den Blick auf die tief verschneite Küste frei. Was für ein Anblick! Wolken und Nebelfetzen hängen in der Luft, zwischendurch spitzen die zackigen Küstenberge mit ihren vielen Graten hervor. Die zahlreichen Gletscher sind unter einer dicken Schneeschicht verborgen. Mir fällt sofort auf, dass fast kein Packeis den Arktischen Ozean bedeckt. Nur vereinzelt sehe ich lange Eisteppiche, die aber immer wieder von größeren Bereichen dunklen Meerwassers unterbrochen werden. Später erfahre ich, dass der Winter 2016/2017 wieder einmal einer der wärmsten aller Zeiten war und sich einfach kein stabiles Packeis bilden wollte. Die Maschine fliegt an steil abfallenden Felswänden vorbei und landet dann auf einer komplett schneebedeckten Piste. Grönland muss über sehr, sehr gute Piloten verfügen.

ZWISCHENSTOPP IN KULUSUK

Der Flughafen von Kulusuk wurde 1956 von der US-Armee errichtet und diente anfangs, wie so oft in Grönland, nicht dem zivilen Luftverkehr. Heute ist der Flughafen des kleinen Ortes das Drehkreuz für Ostgrönland. Jeder, der nach Tasiilaq will, muss hier landen. Zwischen Tasiilaq und Kulusuk verkehren dann Helikopter, da Tasiilaq über keine Landebahn für Flugzeuge verfügt. Der Heliflug dauert nur zehn Minuten, ist aber oft genau der Teil der Reise, der Probleme bereitet. Die Helikopter fliegen auf Sicht, das heißt, bei schlechtem Wetter können die Flüge nicht durchgeführt werden – und das kommt, besonders im Winter, sehr oft vor. So auch dieses Mal. Die Gegend rund um Kulusuk ist bei meiner Ankunft zwar beinahe wolkenfrei, im wenige Kilometer entfernten Tasiilaq aber herrscht dichter Nebel. Der Flug wird storniert und der morgige gleich mit. Für den nächsten Tag ist zwar strahlender Sonnenschein angekündigt, jedoch stehen die Helikopter nicht zur Verfügung, da sie in Orten, die schon seit ein paar Tagen von der Außenwelt abgeschnitten sind, benötigt werden. Für mich heißt das: mindestens zwei Nächte in Kulusuk. Wir werden alle im nahen, wunderbar gemütlichen Flughafenhotel untergebracht. Die tiefstehende Sonne taucht die Bergwelt in rotoranges Licht. Ich schieße erste Bilder. Trotzdem bin ich ein wenig enttäuscht, will ich doch so schnell wie möglich nach Tasiilaq, und für den nächsten Tag ist Prachtwetter angesagt, eine absolute Seltenheit im Winter in Ostgrönland. Meine isländischen Freunde aus dem Flieger erklären mir, dass ich alles so hinnehmen soll, wie es kommt. In Ostgrönland muss man sich treiben lassen, ohne Hektik, ohne Plan.

Am nächsten Tag: klarer Himmel, bestes Wetter. Ich beschließe, dem kleinen Ort Kulusuk, der zu Fuß etwa eine halbe Stunde vom Flughafenhotel entfernt liegt, einen Besuch abzustatten. Ich komme nur langsam voran. Die Sonne ist aufgegangen, und die Berg- und Fjordwelt um mich herum beginnt zu glühen, rotgelb zu leuchten. Was für Berge, was für eine Landschaft! Ich bin nun fast froh, hier einen ganzen Tag verbringen zu können. Nach über einer Stunde erreiche ich den Ort. Er liegt wunderschön am Eingang des Ammassalik-Fjordes und hat 242 Einwohner. Es gibt hier keine Straße. Fortbewegungsmittel Nummer eins im Winter ist das Schneemobil sowie der Hundeschlitten. Die Menschen leben von der Jagd, dem Tourismus und dem Flughafen, der fast dem halben Ort Arbeit gibt. Ich fühle mich sofort wohl. Alles ist so wunderbar ruhig und langsam. Ich fotografiere bis zum Einbruch der Dunkelheit und stapfe dann zurück ins Hotel.

Am nächsten Morgen hat das Wetter wieder dichtgemacht. Zum Glück sind die Berggipfel noch zu sehen, die zwingende Voraussetzung, dass die Helikopterflüge durchgeführt werden können. Und so sitze ich tatsächlich am frühen Morgen im Helikopter auf dem Weg nach Tasiilaq. Dort habe ich mir eine kleine Hütte gemietet, von der aus ich meine Streifzüge durch den Ort und die Umgebung unternehmen möchte.

Rechts: Im Scoresbysund ist das Wetter im Herbst sehr wechselhaft. Während meiner zweiwöchigen Tour erlebte ich von strahlendem Sonnenschein bis Graupelschauern und Regen alles, wobei der Wechsel fotografisch besonders interessant war.

DIE OSTKÜSTE UND IHRE SIEDLER

Die Besiedlung Ostgrönlands liegt noch gar nicht so lange zurück. Vor circa 4000 Jahren erreichten Menschengruppen wahrscheinlich von Norden her das Gebiet. Eine deutliche Abkühlung des Klimas um 1000 vor Christus führte dazu, dass diese Kultur, die als Saqqaq-Kultur bezeichnet wird, wieder verschwand. An der Ostküste Grönlands lassen sich dann auch Spuren der Dorset-Kultur nachweisen, die aber um 1000 nach Christus ebenfalls unterging. Danach war das Gebiet weitgehend unbewohnt, und erst ab dem 13. Jahrhundert kam es zu erneuten Einwanderungswellen, diesmal von Angehörigen der Thule-Kultur aus Westgrönland. Die Menschen passten sich den harten klimatischen Verhältnissen, so gut es ging, an und überlebten weitgehend isoliert. Im 18. Jahrhundert gab es Siedlungen an der gesamten Ostküste, aber im 19. Jahrhundert ging die Bevölkerungszahl erneut dramatisch zurück.

Ein Klimawechsel und damit einhergehende sinkende Jagderfolge, Fehden zwischen den Familien und Krankheiten führten dazu, dass an der gesamten Ostküste Ende des 19. Jahrhunderts nur noch das Ammassalik-Gebiet bewohnt war. Erst 1884 erreichte eine Expedition aus Westgrönland unter dänischer Leitung diese Region – die sogenannte Frauenbootexpedition, die auf der Ostseite der Ammassalik-Insel überwinterte. Gustav Holm, der Expeditionsleiter, verzeichnete eine Einwohnerzahl von insgesamt 413 Menschen im gesamten Gebiet. Nur acht Jahre später besuchte eine zweite Expedition die Region und berichtete, dass die Bevölkerungszahl in den wenigen Jahren auf 294 gefallen war. Der Stamm würde bald verschwinden, falls sich die Lebensbedingungen für die ostgrönländischen Inuit nicht umgehend verbesserten. Die

dänische Regierung beschloss daraufhin, eine Handels- und Missionsstation zu errichten. 1894 entstand die Station am Fjord Tasiilaq, der von den Dänen »Kong Oscar Havn« benannt wurde. Die Bevölkerung erholte sich wieder, und die Sterblichkeitsrate sank. Im Jahr 1914 wurden 599 Einwohner gezählt.

Heute sind es 3000 Menschen, die im Ammassalik-Gebiet leben, davon allein 2100 in Tasiilaq, dem auf der Insel Ammassalik gelegenen Zentrum der Region. Der Name des Ortes bedeutet »wie ein See«, was sich auf den gleichnamigen Fjord bezieht, der vom offenen Meer nur über einen schmalen Eingang erreichbar ist und deshalb wie ein großer See wirkt. Der Ort liegt im Distrikt Ammassalik (wie die gleichnamige Insel), zu dem auch die kleinen Dörfer Kulusuk, Sermiligaaq, Kuummiut, Tiniteqilaaq und Isortoq gehören, die alle verstreut in der weiteren Umgebung von Tasiilaq liegen. Das Wort »Ammassalik« leitet sich von »Ammassat« her – so nennen die Inuit die Lodde (auch: Kapelan). Einmal im Jahr, im Frühsommer, schwimmen Hundertausende dieser kleinen Schwarmfische die Fjorde von Ammassalik hinauf, um dort zu laichen: eine wichtige und leichte Beute für die einheimischen Fischer.

In Tasiilaq findet man heute alle Annehmlichkeiten der westlichen Welt. Es gibt Autos, Schneemobile, beheizte Häuser, Internet, Smartphones, Fernsehen, Supermärkte usw. – all dies kaschiert aber die massiven Probleme der Menschen nur sehr oberflächlich. Für die Inuit war die Entdeckung Segen und Fluch zugleich: Segen, da sie ohne die Hilfe von außen wahrscheinlich nicht überlebt hätten, Fluch, weil sie in kürzester Zeit in die Neuzeit katapultiert wurden. Alte, traditionelle Muster wurden über Nacht wertlos. Plötzlich sollten die Menschen sesshaft werden, Geld wurde als

Links: Im Herbst steht die Sonne hier auch tagsüber tief über dem Horizont, was bestes Fotolicht garantiert. Die in das Meer abfallenden Berge mit den im Vordergrund treibenden Eisgiganten bieten einzigartige Fotomotive.

Unten: Einer unserer schönsten Ankerplätze im Scoresbysund. Am frühen Morgen lugte die aufgehende Sonne für wenige Minuten durch eine Wolkenlücke und zauberte intensives Licht auf die bergige Landschaft.

Zahlungsmittel eingeführt, ihre Religion als Teufelszeug verbannt. Alle Errungenschaften der Moderne brachen mit rasanter Geschwindigkeit über die Menschen herein und führten zu tiefgreifenden Veränderungen im sozialen Gefüge. Während die Westgrönländer schon sehr viel länger in Kontakt zur Außenwelt standen, liegt die Entdeckung Ostgrönlands erst knapp 130 Jahre zurück. So wundert es nicht, dass heute gerade in Ostgrönland massive Probleme zutage treten: Arbeitslosigkeit, Orientierungslosigkeit, Alkoholismus, aber auch Gewaltbereitschaft und sexueller Missbrauch. Viele Bewohner sehen keine Perspektive. Vor allem die jungen Leute gehen weg, nach Nuuk, der Hauptstadt Grönlands, oder nach Dänemark. Andere ziehen noch dramatischere Konsequenzen und nehmen sich das Leben. Die Selbstmordrate von Jugendlichen in Ostgrönland zählt zu den höchsten der Welt.

UNTERWEGS IN TASIILAQ

Von all den sozialen Problemen bekommt man als Tourist in Tasiilaq nicht viel mit. Ich habe am Samstagabend zwar viele Alkoholleichen am Straßenrand gesehen, ansonsten aber zeigt sich der Ort von seiner Sonnenseite. Allein die Lage ist atemberaubend. 106 Kilometer südlich des Polarkreises liegt das Städtchen malerisch umrahmt von spitzen, zerklüfteten Bergen am gleichnamigen Fjord. Rote, gelbe, blaue Holzhäuser bilden farbige Abwechslung zur eintönigen weißen Winterlandschaft. Ein Postkartendorf in einer Postkartenlandschaft.

Ich verbringe die Tage in Tasiilaq mit kleinen Schneeschuhtouren rund um das Dorf, fotografiere die wilde Landschaft. Der Schnee türmt sich meterhoch. Aber die wärmeren Temperaturen in der Arktis machen auch Tasiilaq zu schaffen. Fror der Fjord bis vor wenigen Jahren im Winter noch komplett zu, treiben heute nur noch große Eisschollen im Wasser, was insbesondere die Jagd erschwert. Konnte man früher mit den Schneemobilen oder den Hundeschlitten problemlos über das Eis in die anderen Fjorde oder an die Eiskante fahren, um dort zu fischen oder Jagd auf Robben zu machen, ist das heute nicht oder nur unter größeren Schwierigkeiten möglich. Mit dem Boot ist ein Vorankommen im driftenden Eis zu gefährlich, die Schneemobile und auch die Schlitten trägt das Eis nicht. Die Bewohner Tasiilaqs haben die Zahl der Schlittenhunde schon drastisch reduziert, da sich das Futter für die Hunde nicht mehr rechnet. Eine jahrhundertealte Hundeschlittenkultur könnte aufgrund des Klimawandels für immer verschwinden.

Diese Doppelseite: Ich beobachtete das Schneehuhn eine ganze Weile, wie es furchtlos durch Kulusuk spazierte – doch sein Ende war nah. Diese Vögel stehen bei den Bewohnern des Ortes hoch im Kurs, allerdings nicht wegen ihres schönen Äußeren – sie tragen im Winter ein schneeweißes Federkleid –, sondern wegen ihres zarten Fleisches.

Ich vereinbare eine Tour mit dem Hundeschlitten. Am Fjord entlang geht es in die Bergwelt Ostgrönlands. Ich bewundere meinen Guide, der mit den vielen Hunden, die sternförmig vor den Schlitten gespannt sind, perfekt klarkommt. Kurze, prägnante Rufe leiten die Tiere – und natürlich die Peitsche, wie überall in Grönland. Die Schlitten unterscheiden sich von denen in Westgrönland: Während sie im Westen in erster Linie darauf ausgelegt sind, lange, gerade Strecken auf dem Packeis zurückzulegen, sind die Schlitten im Osten kürzer, angepasst an die bergige Landschaft. Sie besitzen sogar eine Bremse, eine Kralle, die bei Bedarf mit viel Kraft in den Schnee gerammt werden kann. Es ist ein einmaliges Gefühl, fast lautlos durch die abgeschiedene Landschaft zu gleiten. Die Hunde sind zäh und rau, keine Schoßhündchen zum Streicheln. Ihr Leben ist hart, die meiste Zeit verbringen sie an der Eisenkette, denn sie werden nur im Winter gebraucht. Ich frage meinen Hundeschlittenführer, was er mit den Hunden macht, wenn sie älter werden. Ohne mit der Wimper zu zucken, gibt er die Antwort: erschießen. Es wäre zu teuer, sie weiter zu füttern. Hunde sind Arbeitstiere. Für mich ist das schwer verdauliche Kost. Ich erkenne wieder, wie fest man in seiner eigenen Kultur verankert ist. Ich sehe durch meine Kulturbrille wunderschöne, nette Hunde, die ich am liebsten sofort alle mit nach Hause nehmen würde, mein Guide sieht Arbeitstiere, die ausgetauscht werden müssen, wenn sie nicht mehr die entsprechende Leistung erbringen.

Nach ein paar ruhigen Tagen treffe ich meine Freunde aus dem Flugzeug wieder. Die drei sind fieberhaft damit beschäftigt, das Schachturnier für die Kinder zu organisieren. Sie laden mich ein, aber ich zögere – ich bin mit dem Ziel hierher gereist, Bilder von jagenden Inuit, Winterlandschaften oder der wilden Bergwelt zu schießen, spektakuläre Bilder. Schließlich entscheide ich mich doch dafür, zu dem Schachturnier zu gehen. Ich finde jede Menge Kinder an den im Raum verteilten Tischen sitzen, denen das Schachspiel offensichtlich einen Riesenspaß macht. Voller Begeisterung werden die Stechuhren gedrückt. Es ist ein Fest, das mich wirklich berührt. Die drei Isländer haben hier etwas Großartiges auf die Beine gestellt. Sie zeigen den Kindern, dass man nichts als ein kleines Schachbrett benötigt, um sein Gedächtnis zu schulen und Spaß zu haben, dass es an ihnen selbst liegt, sich nicht zu langweilen, dass es etwas anderes gibt als den oftmals tristen Alltag, der das Leben von vielen hier bestimmt. Ähnliche Turniere haben die Isländer schon fast in jedem Dorf auf Grönland organisiert – und das alles ehrenamtlich.

Die soziale Lage der Menschen hier im abgelegenen Osten Grönlands hat mich sehr bewegt. Das Schachturnier war wie ein Hoffnungsschimmer, dass sich mit kleinen Mitteln vielleicht doch etwas bewegen lässt. Ich beschließe, in meinen Vorträgen das Schachturnier zum Thema zu machen und nicht die jagenden Inuit. Vielleicht kann ja der wachsende Tourismus der Region und ihren Bewohnern neue Wege eröffnen, wenn er umweltschonend organisiert wird. Tourismus schafft Arbeitsplätze und kann den Menschen eine Perspektive bieten.

Nach einer Woche in Tasiilaq knattert am frühen Morgen der Helikopter. Die Bergspitzen sind noch zu sehen, die Flüge finden also statt, obwohl das Wetter sich verschlechtert hat. Zum Glück, denn sonst müsste ich eine ganze weitere Woche hier verbringen. Der Helikopter landet. Wir steigen ein und starten. Ich schaue hinunter auf den offenen Fjord. Die letzte Reise für mein Projekt »Im Bann des Nordens« geht langsam zu Ende. Jetzt beginnt der Kampf. Ich möchte die Menschen mit meinen Bildern davon überzeugen, die Arktis zu schützen, den Klimawandel zu bekämpfen. Dieser grandiose Lebensraum mit seiner Vielfalt an Tieren und den so eng der Natur verbundenen Menschen ist es wert.

Wir landen in Kulusuk und erfahren, dass der Rückflug nach Reykjavík storniert wurde. Keiner regt sich auf. Wir fahren ins Hotel, ich fotografiere Berge im Licht der untergehenden Sonne – alles wie immer im wilden Osten Grönlands.

Vorhergehende Doppelseite: Tasiilaq kurz vor Sonnenaufgang. Knapp 3000 Einwohner zählt der Ort und ist damit die größte Siedlung und das unangefochtene Zentrum der ostgrönländischen Küste.

Diese Doppelseite: Kurz nach 8 Uhr abends lichteten sich die Wolken über Tasiilaq für wenige Minuten – Zeit genug, um ein spektakuläres Nordlicht beobachten zu können. Zwei grüne Spiralen zeigten sich am nächtlichen Himmel über dem kleinen Ort.

Vorhergehende Doppelseite: Ein Bild wie aus der Zeit gefallen. So oder so ähnlich hätte man diese Situation auch vor hundert Jahren beobachten können: ein Hundeschlittengespann auf dem zugefrorenen Fjord Tasiilaq.

Diese Doppelseite: Trotz des Schneemobils sind in Ostgrönland noch viele Jäger mit Hundeschlitten unterwegs, aber es werden immer weniger. Die Fjorde frieren nicht mehr richtig zu, Boote werden wichtiger. Auch die Hundeschlittenkultur ist vom Klimawandel bedroht.

Unten: Schlittenhunde führen in Grönland ein eher tristes Leben. Die meiste Zeit verbringen sie angekettet am Rand der Siedlungen. Sie sind Arbeitstiere und werden entsprechend behandelt, unter keinen Umständen aber verhätschelt.

Rechts: Eisfischer gehen mit einer langen, hölzernen Stange hinaus auf den zugefrorenen Fjord. Am Ende der Stange befindet sich eine Spitze aus Stahl. Mit dieser »Waffe« hacken die Angler ein Loch ins Eis, durch das sie eine lange Schnur ins Wasser lassen. Ruckartige Bewegungen sollen die Fische anlocken – im Winter beißen beispielsweise Seeteufel oder Heilbutt.

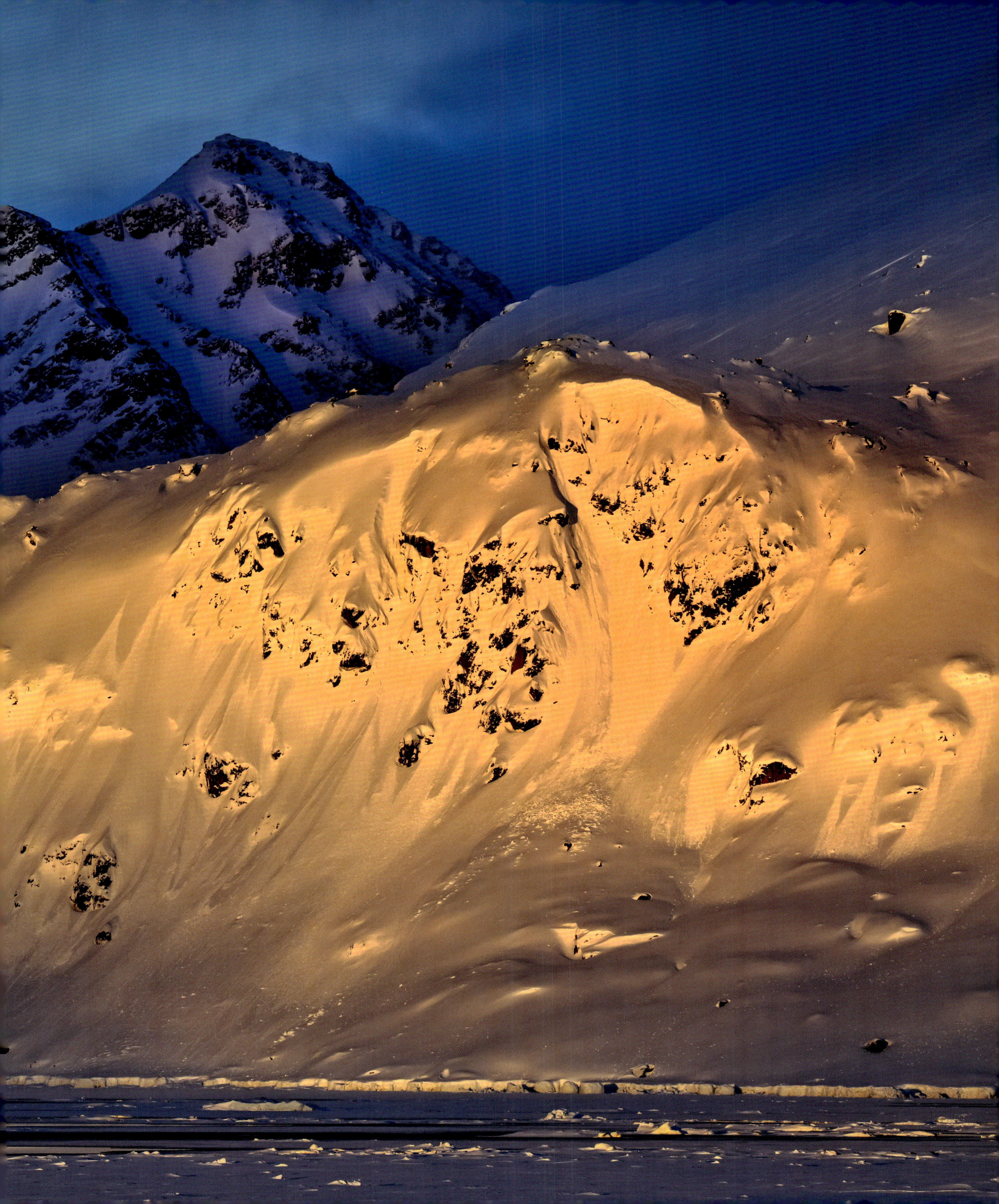

Vorhergehende Doppelseite: Traumhaftes Abendlicht auf den Bergen nahe der Siedlung Kulusuk. Dieser Abstecher stand eigentlich gar nicht auf meinem Programm, das tückische Wetter Ostgrönlands zwang mich aber zu einem Zwischenstopp in Kulusuk – zum Glück.

Unten: Was für ein Morgenrot über dem Fjord Tasiilaq! Über eine Stunde war der Himmel in tiefes Rot und Rosa getaucht. Der Übergang von der Nacht zum Tag dauert Ende Februar fast eineinhalb Stunden.

Rechts: Eigentlich wollte ich nur Kulusuk einen letzten Besuch abstatten. Ich lief von meinem Hotel am Flugplatz in den Ort. Der Himmel war bedeckt, aber plötzlich lugte die Sonne kurz durch die Wolken und zauberte rote Lichtspots auf die Berge.

Unten: Der Ort Kulusuk im ersten Morgenlicht. Diese Bilder verdanke ich dem wechselhaften Wetter Ostgrönlands, das meine Weiterreise nach Tasiilaq verhinderte – ich verbrachte drei wundervolle Tage in und um Kulusuk.

Rechts: Die Berg- und Fjordwelt rund um Kulusuk zählt landschaftlich zum Schönsten, was ich je gesehen habe: spitze, steil ins Meer abfallende Berge, dazwischen Eisberge und Packeisschollen.

Vorhergehende Doppelseite: Aus der Luft lässt sich sehr gut sehen, dass das Packeis selbst im Winter keine einheitliche, geschlossene Eisdecke mehr bildet. Früher war der Packeisgürtel über hundert Kilometer breit, heute sind es nur noch wenige Kilometer.

Unten: Was für eine Schneewechte, und darüber strahlend blauer Himmel. Ich hatte in Kulusuk Glück mit dem Wetter: Während meines dreitägigen Aufenthalts sah ich an zwei Tagen keine einzige Wolke.

Rechts: Im wenige Kilometer entfernten Tasiilaq zeigte sich die Sonne hingegen meist nur für Minuten – Zeit genug, um die berühmten spitzen Berge über dem Fjord Tasiilaq auf den Chip zu bannen.

DER HAUCH DER ARKTIS
ISLANDS WESTFJORDE

Vorhergehende Doppelseite: Aus dem Fluss Dynjandisá speisen sich in kurzer Abfolge sechs Wasserfälle. Der bekannteste ist der Dynjandi. Das Bild zeigt den Blick vom Fuß des Wasserfalls auf den Fjord Borgarfjörður.

Unten: Die Mitternachtssonne taucht die Vogelfelsen von Látrabjarg in rotoranges Licht. Die Steilküste ist knapp 14 Kilometer lang und bis zu 500 Meter hoch und beheimatet im Sommer Millionen von Seevögeln.

Vor langer Zeit wollten ein paar der gefürchteten Nachttrolle die Westfjorde vom Rest der Insel (Island) abtrennen. Sie wollten ein eigenes Trollreich errichten. Doch die Trolle verschätzten sich. Die Arbeit an der schmalen Verbindung zur Hauptinsel dauerte länger als erwartet. Die Sonne ging auf, und die ersten Strahlen verwandelten die Trolle zu Stein. Die Steine und der Schutt, den sie in dieser nächtlichen Aktion ins Meer schleuderten, bildeten die Tausenden Schäreninseln im Breiðafjörður.

Die Westfjorde Islands sind eine eigene Welt. Die Region ist nicht nur eine Hochburg der Sagen und Mythen, sondern auch eine der am dünnsten besiedelten Regionen Europas. Auf 10 000 Quadratkilometern leben knapp 7500 Einwohner. Das entspricht weniger als drei Prozent der Gesamtbevölkerung Islands und einer Bevölkerungsdichte von 0,78 Einwohnern pro Quadratkilometer. Schaut man sich die Westfjorde aus der Luft an, dann kommt man fast zwangsläufig auf den Gedanken, dass die Halbinsel, deren Verbindung zur Restinsel gerade mal zehn Kilometer breit ist, gar nicht zu Island gehört.

Genau diesen Eindruck hatte ich, als ich die Westfjorde im Jahr 2010 das erste Mal besuchte. Hier fanden sich viel weniger Touristen, der Vulkanismus spielte zumindest oberflächlich keine große Rolle: nirgendwo Geysire oder kochende Schlammtümpel. Mir kamen beim Anblick der fjordartigen Landschaft eher Bilder von Norwegen oder Schottland in den Kopf. Ich erinnere mich sehr gut an meine ersten Tage in den Westfjorden und dass ich mich dort sofort wohlfühlte. Die Westfjorde waren einsamer, wilder, kälter als der Rest der Insel. Alles tickte hier ein wenig langsamer, was ich als sehr angenehm empfand. Es war fast ein Schock, als ich die Fjordwelt wieder gen Ringstraße verließ und mich in all die Touristenbusse einordnen musste, die während der Sommermonate in den anderen Teilen Islands unterwegs sind.

So einsam waren die Westfjorde aber nicht immer. Als das Handelsmonopol mit der dänischen Kolonialmacht im 19. Jahrhundert auslief, zogen die riesigen Fischschwärme in der Grönlandsee Fischer aus ganz Europa an. Es entstanden überall Stationen, kleine Anlandehäfen, in denen der Fang weiterverarbeitet wurde. Keine andere Region auf Island zog zu dieser Zeit mehr Menschen an als die Westfjorde. Die Einwohnerzahl des Hauptorts, Ísafjörður, wuchs damals binnen weniger Jahre um 80 Prozent. Bereits 1902 kam hier das erste motorbetriebene Fischerboot zum

Unten: Die berühmtesten Vögel dieser Steilküste sind die Papageitaucher, die hier fast keine Scheu zeigen. Wenn man sich ihnen langsam nähert, sind sogar ganz besondere Aufnahmen mit Weitwinkelobjektiv möglich.

Folgende Doppelseite: Die Landschaft der Westfjorde ist vergleichsweise unspektakulär, dafür aber wild und einsam. Sie erinnert mich mit ihren langgezogenen, felsigen Bergen an die hohe Arktis.

Einsatz, die Fangmengen stiegen, und es kam zum intensiven Ausbau der industriellen Fischverarbeitung. Der Prozess der Industrialisierung erfasste natürlich auch das Zentrum der Insel, Reykjavík. Die Metropole im Süden entwickelte im 20. Jahrhundert eine echte Sogwirkung, und ganz Island, insbesondere aber die abgelegenen Westfjorde, litten zunehmend unter der Landflucht ihrer Bewohner. Während Anfang des 20. Jahrhunderts in den Westfjorden noch knapp 16000 Menschen lebten – das entsprach knapp 16 Prozent der Gesamtbevölkerung Islands –, sind es heute nur noch etwa drei Prozent. Reykjavík lockt auch heute noch jedes Jahr bis zu 300 Menschen aus den Westfjorden in die große Stadt. Das Leben dort verspricht so viel einfacher zu sein. Vielfältige Arbeits- und Freizeitmöglichkeiten und ein umfangreiches Kultur- und Bildungsprogramm sind für viele Isländer schlagkräftige Argumente, in die Hauptstadt zu ziehen. Heute ist der Großteil der Westfjorde menschenleer. Vier Fünftel der knapp 7500 Einwohner leben in drei großen Städten.

Was für viele Menschen in den Westfjorden ein Problem darstellt, war für mich ein schlagendes Argument, mich fotografisch intensiv mit diesem Naturjuwel auseinanderzusetzen. Nirgendwo sonst auf Island habe ich mich jemals so wohlgefühlt wie in den Westfjorden.

ZU BESUCH BEI DEN PAPAGEITAUCHERN

Sommer 2014. Ich habe mir vier Wochen für die Westfjorde genommen. Ich leihe mir in Reykjavík einen kleinen Camper und fahre los. Auf Richtung Norden! Schon kurz nach dem Verlassen der Ringstraße Richtung Nordwesten wird es einsamer. Ein paar Gehöfte, Bauernhöfe, Schafe. Mein erstes Ziel in den Westfjorden sind die Vogelfelsen von Látrabjarg im äußersten Westen der Halbinsel. Schon 2010 war ich dort und absolut begeistert.

Das Fahren ist nicht angenehm. Die meisten der Straßen in den Westfjorden sind bis heute raue Schotterpisten. Dies ist auch ein Grund dafür, dass viele Touristen die Westfjorde meiden, zu groß ist die Gefahr, die Mietwagen durch Steinschlag zu beschädigen, was in Island meist nicht im Versicherungsschutz enthalten ist. Die enge Straße windet sich um die Fjorde, es geht bergauf und bergab, und immer wieder ergeben sich wunderbare Ausblicke auf einsame Buchten und Strände. Nach mehrstündiger Fahrt erreiche ich gegen Mittag die Abzweigung Richtung Látrabjarg. Ich fahre jedoch zuerst noch ein paar Kilometer weiter nach Patreksfjörður.

Rechts: Papageitaucher werden auch als »Clowns der Lüfte« bezeichnet. Aus zweierlei Gründen: zum einen wegen ihrer clownartigen Zeichnung im Gesicht, zum anderen wegen ihres eher tollpatschig wirkenden Flugstils.

Der Ort hat knapp 660 Einwohner und lebt in erster Linie vom Fischfang. Ich kaufe im kleinen Supermarkt Lebensmittel für eine Woche. Genauso lange möchte ich autark an den Vogelfelsen fotografieren.

Zurück auf der Schotterpiste fahre ich langsam, nicht nur um mein Auto nicht zu beschädigen, sondern auch wegen des atemberaubenden Blicks auf den Fjord mit seinen fast weißen Sandstränden. Heller Sand ist eine Seltenheit auf Island, im Süden gibt es vorrangig schwarze Lavastrände. Ich benötige für die etwa 40 Kilometer bis Látrabjarg fast eine Stunde. Direkt an den Vogelfelsen gibt es einen recht geräumigen Parkplatz. Ich packe meine Fotoausrüstung zusammen und gehe die paar Meter hinüber zu den Klippen. Der Anblick ist gewaltig. Auf über 14 Kilometern Breite stürzen sich die Klippen bis zu 500 Meter in die Tiefe. Millionen von Seevögeln bevölkern die Felsen und nutzen sie zum Brüten. Látrabjarg gilt als eine der größten Seevogelkolonien der Welt. Diese Vogelwelt möchte ich dokumentieren: Papageitaucher, Dickschnabellummen, Trottellummen, Tordalke, Eissturmvögel und Dreizehenmöwen.

Natürlich hat es mir der Papageitaucher besonders angetan – der wahrscheinlich schönste Vogel der Welt. Er wird auch als »Clown der Lüfte« bezeichnet, zum einen wegen seines tollpatschig wirkenden Flugstils, zum anderen wegen seiner clownartigen Zeichnung im Gesicht. »Fratercula arctica«, arktisches Brüderchen, ist sein lateinischer Name. Sein Verbreitungsgebiet erstreckt sich über den gesamten nördlichen Atlantik bis hinauf nach Spitzbergen. Die Tiere werden bis zu 30 Zentimeter groß und erreichen eine Flügelspannweite von bis zu 60 Zentimetern. Papageitaucher ernähren sich in erster Linie von Fisch. Für ihre Beutezüge fliegen sie hinaus aufs offene Meer. Tauchend jagen sie, wobei sie bis zu 60 Meter in

Diese Doppelseite: Papageitaucher im Flug aufzunehmen, ist ein schwieriges Unterfangen, da sie recht klein sind und wie Pfeile durch die Luft schießen. Erst als ich die Flugrouten der Vögel studiert hatte, wurde mir klar, dass sie kurz vor der Landung ein wenig nach unten absacken, um dann mit einem großen Sprung auf dem Felsen aufzusetzen – dieses Wissen bescherte mir erste zufriedenstellende Ergebnisse.

die Tiefe hinabschwimmen. Unglaublich für so einen kleinen Vogel. Papageitaucher erreichen ihre Brutgebiete in der Regel Mitte April und bleiben bis Mitte/Ende August. Dann machen sie sich wieder auf in die Weiten des Ozeans. Die Wintermonate verbringen sie irgendwo draußen auf dem offenen Meer, wo genau, das ist bis heute noch weitgehend ungeklärt.

Der Bestand der Papageitaucher gilt heute weltweit noch nicht als gefährdet. Regional aber gehen viele Populationen stark zurück beziehungsweise verlagern sich. So sind die lustigen Vögel beispielsweise von den Westmännerinseln im Süden Islands fast vollständig verschwunden. Grund dafür dürfte der Klimawandel sein, der zu steigenden Meerestemperaturen führt und die Beutefische der Papageitaucher wie zum Beispiel die Sandaale dezimiert oder deren Bestände verlagert. So kann es sein, dass Papageitaucherkolonien in manchen Fjorden fast vollständig verschwunden sind, ein paar Fjorde weiter die Vögel aber zu Tausenden brüten. Norwegen hat gerade seine Bestände an Papageitauchern als stark gefährdet eingestuft – das sind beunruhigende Zeichen. In Látrabjarg zumindest sind die Vögel noch häufig anzutreffen und überhaupt nicht scheu.

Ich liege manchmal an der Kante der Klippen auf Beobachtungsposten und plötzlich kommt einer dieser Clowns ganz neugierig auf bis zu 30 Zentimeter an mich herangewatschelt. Ich kann die Tiere teilweise mit Weitwinkelobjektiven fotografieren, was ganz besondere Perspektiven zulässt. Untertags sind wenige Vögel zu sehen. Sie bleiben in ihren Erdhöhlen. Gegen Abend aber zeigen sie sich wie auf Kommando. Zu Tausenden stehen und sitzen sie dann auf den kleinen Felsvorsprüngen – ein unglaublicher

Links: Man findet Papageitaucher, »Fratercula arctica« (lat. für »arktisches Brüderchen«), fast in der gesamten Arktis. Ihre Bestände sind bislang noch nicht bedroht, wohl aber die der Sandaale, ihrer wichtigsten Nahrungsquelle.

Rechts: Neben Papageitauchern sind an den Vogelfelsen von Látrabjarg auch Tordalke (Bild), Gryllteisten, Dreizehenmöwen, Dickschnabellummen und Eissturmvögel zu beobachten – ein Paradies für jeden Vogelliebhaber.

Anblick. Ich versuche, die Tiere im Flug zu fotografieren, was für mich zu einer fast unlösbaren Aufgabe wird. Zu abgehackt, zu schnell schießen die Vögel durch die Luft. Erst als ich ihre Anflugrouten genauer studiere und feststelle, dass sie die Felsen immer von unten anfliegen und kurz vor der Landung einen kleinen »Anlandesprung« wagen, komme ich zu scharfen Flugaufnahmen. Direkt am Parkplatz brütet ein kleiner Sandregenpfeifer, nur ungefähr zehn Meter von all den Autos entfernt. Er lässt sich ohne jegliche Scheu fotografieren. Paradiesische Zustände für Vogelbeobachter und -fotografen.

Ich verbringe eine ganze Woche bei den Vögeln, erlebe jedes Wetter: Nebel, der so dicht ist, dass ich meine eigene Hand nicht mehr vor Augen sehen kann; Regen, der mich innerhalb weniger Minuten bis auf die Haut durchnässt; Wind, der mich von Klippen zu wehen droht; aber auch Sonnenschein, der mich alles vergessen lässt. Die Klippen sind ein Naturparadies, ein Naturwunder – man kann es nicht anders sagen.

Dann verlasse ich die Vogelfelsen. Mein Ziel ist der nördliche Teil der Westfjorde. Wieder geht es auf die Schotterpisten, zunächst Richtung Ísafjörður. Auf dem Weg dorthin lege ich einen Zwischenstopp am bekanntesten Wasserfall der Westfjorde ein, dem Dynjandi. Der hundert Meter hohe und bis zu 30 Meter breite Wasserfall ist wirklich spektakulär, allerdings von Touristen belagert, was meine Freude etwas dämpft. Am Abend erreiche ich Ísafjörður, mit seinen gerade mal 2500 Einwohnern das Wirtschafts- und Verwaltungszentrum der Westfjorde. Der Ort liegt an einem Seitenarm des Ísafjarðardjúp, des größten Fjordes der Region, und ist umrahmt von den mächtigen Berghängen des Eyrarfjall und des Kirkjubólsfjall. Ísafjörður ist für mich aber nur Zwischenstation.

ABENTEUER POLARFUCHS

Der Polarfuchs ist das einzige ursprüngliche Landsäugetier auf Island. Er ist dort leider nicht sehr beliebt und steht fast überall unter starkem Jagddruck. Mit schöner Regelmäßigkeit räubert er die Eiderentenkolonien aus. Dies stört insbesondere die Produzenten von Daunen, die die Brutplätze der Eiderenten für sich beanspruchen: Zwar töten sie die Vögel nicht, aber sie haben es auf die dichten, flauschigen Federn abgesehen, aus denen sie feines Daunenfutter herstellen, das weltweit zu hohen Preisen verkauft wird.

Mich zieht es weiter in den Norden auf die abgelegene Hornstrandir-Halbinsel, um dort Polarfüchse zu fotografieren. 1975 wurden große Teile der Region als Hornstrandir Nature Reserve unter

Unten: Kurz nach Mitternacht an den Vogelfelsen von Látrabjarg:
Gerade noch hatte es kräftig geregnet, dann brach die Sonne durch die dunklen Wolken und tauchte die Landschaft in unwirkliches Licht.

Diese Doppelseite: In der Hornstrandir-Region, einem Naturschutzgebiet im äußersten Nordwesten der Westfjorde, besteht, anders als im übrigen Island, Jagdverbot für Polarfüchse. Deswegen haben die Tiere hier fast keine Angst vor Menschen. Manchmal sind sie bis auf wenige Meter an mich herangekommen – paradiesische Zustände für einen Fotografen, der Polarfüchse zu seinen absoluten Lieblingstieren zählt.

Folgende Doppelseite: Island beherbergt zwei Varianten von Polarfüchsen: den Blaufuchs, dessen graublaues Sommerfell sich im Winter etwas aufhellt, und den Weißfuchs mit schneeweißem Winterfell.

Schutz gestellt. Ziel war es, eine möglichst unberührte Natur zu erhalten. Die Jagd auf Polarfüchse ist hier strengstens verboten, und genau deshalb will ich dorthin.

Die Hornstrandir-Halbinsel ist eine wilde, im Winter vollkommen unbewohnte Gegend im äußersten Norden Islands. Ihr gegenüber, jenseits der Dänemarkstraße, die den Atlantik und das Nordpolarmeer verbindet, liegt Grönland. Hier weht tatsächlich der Hauch der Arktis. Bis zum Ende des 19. Jahrhunderts war die Halbinsel noch ganzjährig besiedelt. Insbesondere die ergiebigen Fischgründe des Nordatlantik, aber auch die reichen Vogelkolonien bildeten die Lebensgrundlage der Bewohner. Heute wohnen hier im Winter keine Menschen mehr. Zu mühselig wäre das Leben. Nur während der warmen Jahreszeit dienen manche der verlassenen Häuser als Sommerquartier für gestresste Großstädter aus Reykjavík oder anderen Orten der Welt. Straßen gibt es keine, aber immerhin im Sommer Fährverbindungen auf die Halbinsel, etwa von Ísafjörður und Bolungarvík.

Auch für die Füchse will ich mir eine Woche Zeit nehmen. Obwohl die Jagd auf Füchse auf der Hornstrandir-Halbinsel eingestellt wurde und die Tiere deswegen nicht sehr scheu sind, ist es nicht einfach, einen Fuchs vor die Linse zu bekommen. Man muss ein Gebiet finden, in dem sich ein bewohnter Fuchsbau befindet.

Meine erste Anlaufstation ist das Arctic Fox Center in Súðavík, einem kleinen Ort ein paar Kilometer südlich von Ísafjörður. Das Arctic Fox Center ist eine Non-Profit-Organisation mit dem Ziel, Polarfüchse zu erforschen und Besucher über die intelligenten Tiere zu informieren. Schon in Deutschland hatte ich Kontakt aufgenommen und treffe meinen Ansprechpartner, Midge, auf einen Kaffee im Besucherzentrum. Er zeigt mir auf Karten, wo seiner Meinung nach bewohnte Bauten liegen. Allerdings sind die Bauten nicht jedes Jahr besetzt. Ganz im Norden von Hornstrandir am Hornbjarg kennt Midge einen Bau, der mit Sicherheit bewohnt ist. Allerdings ist das Wetter dort oben so wechselhaft, dass es ein Risiko darstellen würde, dort eine Woche im Zelt zu hausen. Er erzählt mir von einem BBC-Filmteam, das erst vor Kurzem aus dieser Gegend gerettet werden musste. Zum Glück kennt er einen weiteren Bau, der seiner Meinung nach bewohnt sein müsste und der per Boot recht gut zu erreichen wäre. Perfekt.

Am nächsten Tag suche ich in Ísafjörður nach einem Boot, das mich nach Hornstrandir bringt. Ich habe Glück, ist mein Fuchsbau doch nur ein paar Kilometer von einem der Anlegeplätze der kleinen Fähren entfernt. Die nächsten Tage nutze ich, um Lebensmit-

tel zu kaufen und mich auf mein »Abenteuer Polarfuchs« vorzubereiten. Dann endlich geht es los. Eine Woche in vollkommener Abgeschiedenheit steht bevor. Ich steige auf das kleine Boot und verstaue mein Gepäck. Nach drei Stunden auf bewegter See erreichen wir unser Ziel. Es regnet und stürmt. Ich lade mein Gepäck am Strand ab und schaue dem Boot hinterher, das von Sekunde zu Sekunde kleiner wird. Jetzt also bei Regen und Nässe Zelt aufbauen. Ich suche nach einem geeigneten Platz und laufe eine kleine Böschung hinauf. Dort sehe ich zu meiner Überraschung ein kleines Häuschen. Neugierig drücke ich die Türklinke herunter. Es ist offen. Das Haus ist unbewohnt, das Mobiliar besteht lediglich aus einem alten Tisch und ein paar Betten. Ich beschließe sofort, dieses Haus meinem nassen, kalten Zelt vorzuziehen. Schnell hole ich mein Gepäck und richte mich so gemütlich wie möglich ein.

Dann unternehme ich meine erste Erkundungstour auf der Suche nach meinem Fuchsbau. Schon bald entdecke ich ihn. Zu meiner Enttäuschung ist vor dem Bau nichts von Füchsen zu sehen. Keine Spuren, keine Futterreste, kein Kot. Der Bau ist verlassen. Ich male mir aus, eine Woche ohne Füchse hier in dieser unwirtlichen Gegend verbringen zu müssen. Da sehe ich plötzlich in einiger Entfernung Bewegung und höre den charakteristischen Ruf des Fuchses. Sofort bin ich wieder voller Energie. Der Fuchs trottet langsam in meine Richtung. Ich mache mich »schussbereit«. Etwa zehn Meter von mir entfernt bleibt er stehen – mitten in den schönsten lila Blumen – und schaut mich an. Vorsichtig hebe ich meine Kamera und beginne zu fotografieren: der Kopf des Fuchses umrahmt von lila Farbtupfern – ein Traum, und das schon am ersten Tag. Irgendwo muss ein Fuchsbau sein, der bewohnt ist.

Oben: Die Westfjorde sind im kurzen Sommer ein wahres Vogelparadies: ein männliches Schneehuhn im Sommerkleid (links) und ein Goldregenpfeifer, den man dank seines eintönigen Rufs eher hört als sieht (rechts).

Oben links: Ein Sandregenpfeifer versucht, mich von seinem Nest wegzulocken. Die Eier des Bodenbrüters gleichen kleinen, grauen Steinen und sind so gut getarnt, dass man aufpassen muss, sie nicht zu zertreten.

Oben rechts: Ein Rotschenkel auf Futtersuche. Oft sitzen die putzigen Vögel auf Masten, Zäunen oder Verkehrsschildern. Die charakteristischen, intensiv leuchtend rotorangen Beine machen seinem Namen alle Ehre.

Um es vorwegzunehmen: Den Fuchsbau finde ich auch in den kommenden Tagen nicht, dafür besuchen mich jeden Tag mindestens drei verschiedene Füchse. Sie sind alle unterschiedlich gefärbt. Der eine ist dunkelbraun, der andere eher grau und der dritte hellbraun. Auf Island leben beide Varianten der Polarfüchse, die nach der Farbe ihres Winterfells unterschieden werden: der Weißfuchs mit seinem schneeweißen Winterfell und der Blaufuchs, dessen Winterfell hellgrau, manchmal sogar schwarz ist und einen Blaustich aufweist. Im Sommer haben beide Fuchsvarianten ein dunkles Fell, allerdings mit kleinen Unterschieden: Während das Fell des Blaufuchses im Sommer dunkelbraun leuchtet, ist der Weißfuchs dann ebenfalls braun, aber heller, sein Bauch tendiert ins Weiße. Die weißen Füchse sind in der Regel in den hocharktischen Gebieten dominant. Hier bringt ihre weiße Färbung während des langen Winters die größeren Vorteile. Die Fuchspopulationen weiter im Süden, zum Beispiel auf Island oder den Aleuten in Alaska, tendieren eher zur dunklen Variante, da die Landschaft hier nicht durchweg schneebedeckt ist. Hier zeigt sich wieder einmal das Wunder der Evolution: Islands Polarfüchse sind echte Überbleibsel der Eiszeit, als die Insel noch vollständig von Gletschern aus dem Norden überzogen war. Die Gletscher wichen, die Insel wurde von ihrem Eispanzer befreit, die Füchse blieben.

Der Eisfuchs ist perfekt an die Bedingungen des hohen Nordens angepasst. Sein lateinischer Name ist »Vulpes lagopus«, was »hasenfüßiger Fuchs« bedeutet. Seine Pfoten sind mit Pelz besetzt. Das Fell des Fuchses ist extrem dicht. Mit etwa 70 Prozent Unterwolle hat es ungewöhnlich gute wärmedämmende Eigenschaften. Wissenschaftler fanden heraus, dass der Polarfuchs Tem-

Links: Ein Sterntaucher in seinem Prachtkleid, der Hals charakteristisch rosa bis rot gefärbt, füttert sein Junges. Sterntaucher sind wunderschöne Vögel, für mich die Könige unter den Seetauchern.

Unten: Der Ruf des Sterntauchers gilt als der Ruf der Wildnis – er ist ganz speziell, durchdringend und geht mir bis ins Mark – Gänsehaut-Feeling pur. Ähnlich wie Schwäne brauchen Sterntaucher beim Start ein wenig Anlauf.

peraturen von bis zu minus 80 Grad überleben kann. Sein Fell bietet damit die besten Isolationseigenschaften aller Säugetiere.

Die nächsten zehn Tage verbringe ich damit, Füchse in allen Variationen aufzunehmen. In den fantastischen Blumenwiesen, am Strand, auf Felsen, in Ebbetümpeln. Sie sind ununterbrochen in Bewegung, bleiben selten stehen. Immer auf der Suche nach Essen. Die Füchse auf Island ernähren sich im Sommer fast zu hundert Prozent von Seevögeln (und auch deren Eiern). In den wenigen Sommermonaten, wenn die Vögel die Insel bevölkern, legen die Füchse Nahrungsdepots für den langen Winter an. Die letzten Jahre waren für die Füchse am Hornstrandir eher schlecht. Der Rückgang der Seevögel macht ihnen zu schaffen und kann schlimmstenfalls sogar zum Verschwinden der gesamten Population führen. Was den Rückgang der Seevögel verursacht, ist noch nicht völlig geklärt. Die Wissenschaftler sehen aber auch hier einen Zusammenhang mit der Klimaveränderung. Anscheinend finden die Vögel nicht mehr ausreichend Nahrung. Ob sie an andere Orte ausweichen oder sterben, ist ebenfalls noch eine offene Frage.

An den letzten beiden Tagen besucht mich dann noch ein niedlicher Jungfuchs. Er ist vollkommen ohne Scheu, kommt so nah an mich heran, dass er die Naheinstellgrenze meines Objektivs unterschreitet. Was für ein Erlebnis!

Nach einer Woche holt mich das Boot wieder ab. Selten zuvor habe ich mich so schwer von einem Platz trennen können. Mir kommt es vor, als würden auch die Füchse ein wenig Wehmut empfinden – was natürlich nicht stimmt. Ich besteige das kleine Boot und sehe den Füchsen hinterher. Einer turnt schon wieder am Strand umher. Ich hoffe, die Tiere werden die dramatischen Veränderungen, die die nächsten Jahre dank des sich wandelnden Klimas wahrscheinlich bringen werden, überstehen. Ich bin überzeugter denn je, dass es sich lohnt, mit allen Mitteln gegen die Erderwärmung zu kämpfen.

Drei Stunden später stehe ich in Ísafjörður und komme mir irgendwie verlassen vor. Mir fehlen meine Füchse. Die restlichen zehn Tage in den Westfjorden verbringe ich damit, die Vogelwelt der Insel näher zu erkunden. Mir fliegen Austernfischer, Goldregenpfeifer, Rotschenkel und der große Brachvogel vor die Linse. Das absolute Vogel-Highlight dieses Island-Trips aber ist das Prachttaucherpärchen mit seinen beiden Jungen, das ich drei Tage lang unweit von Ísafjörður fotografieren und erleben darf. Der Ruf der Seetaucher klingt mir beim Schreiben dieser Zeilen noch immer in den Ohren. Es ist der Ruf des Nordens. Ich werde ihm weiter folgen.

Links oben: In den Westfjorden findet man nicht nur die für ganz Island typischen schwarzen Strände, wie hier auf dem Bild zu sehen. Auch strahlend weiße Strände zieren hier die Buchten im abgelegenen Norden der Insel.

Links unten: Der Winter in den Westfjorden ist mit Vorsicht zu genießen. Das Wetter wechselt in Sekundenschnelle. Strahlender Sonnenschein schlägt in kürzester Zeit in einen Schneesturm um – wie hier am Dýrafjörður.

Unten: Singschwäne verbringen das gesamte Jahr auf Island, da hier das Klima für nordische Verhältnisse so mild ist, dass sie nicht wandern müssen. Das Bild entstand im zugefrorenen Ebbebereich am Gilsfjörður.

Unten: Perfekte Wolken, perfektes Licht auf den Bergen und eine fast perfekte Spiegelung im Dýrafjörður – ein herrlicher Abend, eigentlich aber bereits Mitternacht: Früh ins Bett gehen ist nichts für Landschaftsfotografen im Juli in Island.

Unten: Oft peitschen heftige Stürme über die Westfjorde. Windgeschwindigkeiten von über hundert Stundenkilometern sind keine Seltenheit. Es ist dann fast unmöglich, sich draußen zu bewegen.

Rechts oben: Der Dynjandi, einer der bekanntesten Wasserfälle Islands, im Licht der Abendsonne. Das Wasser stürzt hier auf einer Breite von bis zu 60 Metern über hundert Meter in die Tiefe.

Rechts unten: Kurz nach den Wasserfällen mündet der Fluss Dynjandisá in die malerische Bucht Dynjandisvogur. Das Bild entstand gegen 23 Uhr. Die Sonne verschwindet im Sommer nur für eine kurze Zeit am Horizont.

Vorhergehende Doppelseite: Starker Wind hat das dünne Eis in einem der Westfjorde, dem Gilsfjörður, aufgebrochen und an das Ufer gedrückt. Dort sammeln sich Tausende durchsichtige Eisplatten – ein faszinierender Anblick.

Unten: Die Sonne zeigt sich Mitte Januar nur für wenige Stunden (wie hier am Dýrafjörður), und selbst zur Mittagszeit schafft sie es nicht, die Bergspitzen zu überwinden. Die Täler müssen noch ein paar Wochen warten, bis das Licht zurückkommt.

Rechts: Ein heftiger Sturm ist über den größten der Westfjorde, den Ísafjarðardjúp, hinweggezogen und hat die Küste innerhalb weniger Minuten mit einer dicken Schneeschicht überzogen.

Rechts: Ein absoluter Glückstreffer: Dieser Gerfalke saß auf einem Felsen, als ich ihn im Vorbeifahren entdeckte. Sofort hielt ich an und fotografierte den »König der Falken« aus dem Autofenster. Wäre ich ausgestiegen, hätte er sofort das Weite gesucht. Der Gerfalke ist die weltweit größte Falkenart. In Island dominiert die graue Farbvariante.

Unten: Eine Gruppe von Kormoranen trotzt den eisigen Winden, die im Winter über die Westfjorde fegen.

Diese Doppelseite: Ein Schneesturm nach dem anderen zog im Januar über die Westfjorde. Tagelang bekam ich überhaupt keine Sonne zu sehen. In solchen Situationen heißt es Ruhe bewahren. Dann, immer nur für wenige Minuten, brach die Sonne durch die Wolken und zauberte unwirkliche Lichtstimmungen auf die winterliche Landschaft am Ísafjarðardjúp.

Folgende Doppelseite: Tief verschneite Bergflanken am Dýrafjörður – Schnee und gleichzeitig Sonnenschein habe ich im Januar in den Westfjorden oft erlebt.

AUF LICHTJAGD
NORWEGENS WILDE NORDWEST-KÜSTE

Vorhergehende Doppelseite: Die Lyngenalpen spiegeln sich im gleichnamigen Fjord. Die Gebirgsgruppe nördlich von Tromsø ist knapp 90 Kilometer lang und 20 Kilometer breit. Die Berge gelten unter Skitourengehern als Geheimtipp.

Diese Doppelseite: Schnee auf den Lofoten ist im Winter nicht selbstverständlich. Aufgrund des warmen Golfstroms liegen die Temperaturen deutlich höher als in anderen Gebieten desselben Breitengrads. Ich erlebte die wilde Inselgruppe tief verschneit. Das erste Morgenlicht trifft auf einen der vielen zackigen Gipfel, die Wahrzeichen der Lofoten (unten). In einem kleinen Ebbetümpel auf der Insel Moskenesøy spiegeln sich die verschneiten Berge (rechts).

Ich weiß nicht, ob es eine spektakulärere Landschaft gibt. Vielleicht können es die Berge Patagoniens oder die Küstenberge Alaskas mit dieser Küste aufnehmen, aber ich bin mir nicht sicher. Wer schon einmal an Norwegens wilder Nordwestküste unterwegs war, weiß, wovon ich spreche. Landschaftliche Highlights wie die Lofoten, die Vesterålen oder die Lyngenalpen reihen sich hier wie Perlen an einer Schnur. Tiefe Fjorde, steil ins Meer abfallende Küstenberge und natürlich jede Menge Postkartenfischerdörfer prägen bis hinauf in die Finnmark das Landschaftsbild.

Man könnte meinen, dass man hier fotografisch nichts falsch machen kann. Aber: So grandios die Landschaft ist, so schwierig ist es, sie perfekt ins Licht zu setzen. Ich habe mir vorgenommen, die Küste von den Lofoten bis hinauf zur abgelegenen Varanger-Halbinsel zu dokumentieren. Mein Augenmerk soll dabei auf der Landschaftsfotografie liegen, auf der Jagd nach dem Licht. Ich wollte die sowieso schon spektakuläre Küste perfekt ausgeleuchtet zeigen. Ich war auf der Suche nach wilden Stimmungen, nach Spiegelungen, nach erstem und letztem Licht. Tiere sollten, wenn überhaupt, eine untergeordnete Rolle spielen und nur dann, wenn der Zufall sie mir vor die Linse spülte. Ich war überzeugt, hier im Norden Norwegens dank der sich ständig wandelnden Lichtverhältnisse relativ schnell zu guten Ergebnissen kommen zu können. Ich hatte mich getäuscht. Lang anhaltende Schlechtwetterperioden raubten mir meine letzten Nerven. Im Herbst verbrachte ich Tage in meinem Camperbus und sah oft nichts als Tristesse. Unaufhörlich plätscherte der Regen auf das Dach meines Autos. Im Winter zog ein Schneesturm nach dem anderen über mich hinweg. Geduld und Ruhe bewahren hieß die Devise – die wichtigsten Eigenschaften eines Landschaftsfotografen.

LOFOTEN, WINTER 2013

Ich sitze in Reine, einem der schönsten Fischerdörfer im äußersten Süden des Inselarchipels, in einer umgebauten Fischerhütte, einem Rorbuer, und warte. Warte auf gutes Wetter oder zumindest kurze Sonnenfenster, Lichtspots. Nichts. Graue Suppe. Es ist zum Verrücktwerden. Es liegt Schnee, viel Schnee. Auf den Lofoten ist Schnee für Fotografen ein kostbares Gut. Oft regnet es hier im Winter, die Landschaft ist dann grau und wenig fotogen. Im Moment aber fegt ein Schneesturm nach dem anderen über mich hinweg. Was mir fehlt, ist Licht. Der warme Golfstrom, der das gesamte Klima an Norwegens Küste bestimmt und erst auf der Varanger-Halbinsel

im äußersten Nordosten versiegt, lässt die Temperaturen um bis zu 24 Grad wärmer werden als irgendwo sonst auf diesem Breitengrad. Die Winter sind dementsprechend mild und feucht. Ich habe mir die südlichste Insel der fünf Hauptinseln für meinen Fototrip ausgesucht, Moskenesøy, einfach weil hier die Landschaft am spektakulärsten ist: jeder Blick ein Motiv. Überall ragen diese unglaublich geformten Berge in den nordischen Himmel, meist zackig, schroff, dunkel, dann wieder eher lieblich und rund.

Zwischen dem 67. und 68. Breitengrad ragt die Inselkette der Lofoten wie ein Arm 180 Kilometer in den Nordatlantik. Sie besteht aus über 80 größeren und kleineren Inseln. Die fünf Hauptinseln sind (von Nord nach Süd) Austvågøya, Gimsøy, Vestvågøy, Flakstadøy und Moskenesøy. Vom Festland sind die Lofoten durch den Vestfjord getrennt, nach Nordosten hin grenzt sie der Raftsund von der Inselgruppe der Vesterålen ab. Seit einigen Jahren gibt es eine Verbindung, über die man die Inseln direkt mit dem Auto erreichen kann, sozusagen trockenen Fußes. Der neue, am 1. Dezember 2007 eröffnete Streckenabschnitt der Europastraße 10, Lofast, führt 51 Kilometer durch Tunnel und über Brücken von der Insel Austvågøya bis nach Hinnøya, wo er jeweils an bereits bestehende Straßen anschließt. Nach dem Bau dieser Teilstrecke sind die Lofoten bis hin zu ihrer östlichsten Ansiedlung auf dem Landweg erreichbar.

Knapp 24000 Menschen leben hier auf einer Fläche von 1227 Quadratkilometern. Wichtigster Erwerbszweig ist nach wie vor der Fischfang, noch vor dem Tourismus. Die Hauptfangzeiten für Kabeljau sind die Wintermonate zwischen Februar und April. Dann hängen alle hölzernen Gestelle zum Trocknen voller Dorsch. Tørrfisk (Trockenfisch) ist eine Spezialität, die als Stockfisch oder Klipp-

Unten: Ein so klares, intensives Licht gibt es nur im hohen Norden, insbesondere im Winter. Ich war nahe Fredvang auf Moskenesøy unterwegs, als ich dieses Panorama festhielt: Die Berge im Hintergrund gehören schon zur Insel Flakstadøy.

fisch in alle Welt exportiert wird. Allerdings scheinen die besten Zeiten des Fischfangs vorbei. Während nach dem Zweiten Weltkrieg in einer Rekordsaison auf den Lofoten 146 000 Tonnen Kabeljau gefangen wurden, waren es 2015 nur um die 65 000 Tonnen. Gründe dafür sind die Überfischung der Gewässer und wahrscheinlich der Klimawandel. Der Dorsch sucht sich andere Wege, weil sich auch seine Beutefische in einem wärmeren Meer anders bewegen. Hinzu kommt, dass Planungen für Öl- und Gasförderungen die Lofoten-Fischerei bedrohen. Die Lofoten und die Vesterålen sind als besonders sensible Ökosysteme eingeordnet und genießen deswegen bislang einen gewissen Schutz. Aber die norwegische Regierung hat bereits zugelassen, den Meeresboden in der Norwegischen See und der Barentssee zu untersuchen mit dem Fernziel der Förderung von Öl und Gas. Die Fischer haben Angst um das »Gold der Lofoten«. Sie befürchten, dass die massiven Eingriffe in das Ökosystem Meer die Fischschwärme vertreiben werden. Viele sind der Meinung, dass schon die seismischen Erkundungsarbeiten die Meeresbewohner stark beeinträchtigen, ja sogar für das Sterben von Plankton und Jungfischen verantwortlich sind und die Fische vertreiben.

Vier Tage habe ich bereits bei schlechtem Wetter damit verbracht, die Umgebung mit dem Auto zu erkunden und besondere »Locations« zu suchen. Ich habe versucht herauszufinden, ob ein spezielles Motiv morgens oder abends besonders schön sein könnte, auf welchem Berg oder Fjord je nach Tageszeit die Sonne läge, wenn sie sich denn zeigen würde. All dies sind wichtige Vorarbeiten, wenn einem nur ein kurzes Zeitfenster zur Verfügung steht. Dann am fünften Tag, endlich, kleine Wolkenlücken, meine

Links: Ein fantastisches Morgenrot nahe Reine auf Moskenesøy. Ganz hinten am Horizont sind die Berge des Festlandes zu erkennen. Die Sonne wird sich nicht lange zeigen. Mitte Januar kann man Tageslicht nur während weniger Stunden genießen.

Unten: Das erste Morgenlicht trifft auf den kleinen Ort Vindstad. Die Siedlung liegt auf Moskenesøy und ist nur mit dem Boot zu erreichen. Auf diesem Breitengrad ist das intensive rote Licht im Winter über eine halbe Stunde lang zu bestaunen.

Chance. Zuerst weiß ich gar nicht, was ich machen soll. Zu viele Möglichkeiten. Dann aber reiße ich mich zusammen und versuche, so ruhig wie möglich zu werden.

Erstes Ziel soll der Flakstadpollen auf Flakstadøy sein: ein wunderschöner Fjord, umrahmt von spektakulären, spitz in den Himmel ragenden Bergen. Schon auf der knapp einstündigen Fahrt dorthin muss ich immer wieder anhalten und orange leuchtende Lichtspots, die auf die Berge treffen, auf den Chip bannen. Am Flakstadpollen angekommen, dann ein besonderes Highlight: Es herrscht Ebbe, und in den vom Meer zurückgelassenen Tümpeln spiegeln sich die bis zu tausend Meter hohen Küstenberge. Nach etwa einer Stunde verlasse ich diesen Ort und fahre zurück nach Moskenesøy. Auf dem Weg fotografiere ich Strände, Berge, Fjorde … Das gute Wetter hält den ganzen Tag. Am Abend bemerke ich, dass ich die typischen Postkartenmotive, Orte wie Hamnøy, Reine, Sørvågen, in meiner Begeisterung völlig vergessen habe. Ich tröste mich damit, dass diese Motive ohnehin schon tausendfach abgelichtet wurden. Am Abend erlebe ich noch wunderschöne Nordlichter über den schneeweißen Bergen nahe Reine.

Am nächsten Tag wache ich auf: Regen, grauer Himmel – der Zauber ist vorbei. Dennoch: Für diesen einen Tag haben sich die Warterei und der ganze Aufwand mehr als gelohnt.

VESTERÅLEN, SEPTEMBER 2016

Ich komme nur langsam voran, es ist kaum möglich, schneller als 60 Stundenkilometer zu fahren, nicht nur weil die Straße am Auenfjord so kurvig ist, sondern auch wegen der Landschaft. Ich komme mir vor wie auf Papua-Neuguinea: unglaublich geformte Berge, fast komplett mit Wald und Buschwerk bedeckt, umgeben mich, nur im Gipfelbereich schauen die Felsen hervor. So habe ich die Vesterålen gar nicht in Erinnerung. Ich war im Winter schon einmal da, allerdings damals auf der nördlichsten Insel Andøya, wo eine ganz andere Landschaft als hier auf Langøya das Bild beherrscht: weite Moorflächen, eher kleine, unscheinbare Berge, lange Sandstrände. Nicht umsonst rühmen sich die Menschen dieser kleinen Inselgruppe nördlich der Lofoten damit, dass hier alle Landschaften Norwegens auf kleinstem Raum zu finden seien: Gebirge, Flachland, Sumpfgebiete, Fjorde, Inseln, Strände und Schären.

Die Vesterålen führen im Schatten der Lofoten ein eher ruhiges Dasein. Selbst in den Sommermonaten findet man hier noch unberührte Plätzchen. Die Inselgruppe liegt 300 Kilometer nördlich

Vorhergehende Doppelseite: Vor Sonnenaufgang begann der Himmel rotorange zu leuchten, die Vegetation hatte sich Ende September schon rot verfärbt, im Hintergrund ragen steil die Küstenberge von Flakstadøy in den Himmel.

Diese Doppelseite: Sie führt ein Schattendasein im Licht der Lofoten: die ein wenig nördlicher gelegene Inselgruppe der Vesterålen. Zu Unrecht, denn auch sie hat imposante Berg- und Fjordlandschaften zu bieten.

Die frühe Morgensonne lässt die Bergwelt auf Langøya im warmen Licht erstrahlen (unten). Hier denkt man an Patagonien und die Torres del Paine, befindet sich aber in Wirklichkeit am Annfjord auf Langøya (rechts).

des Polarkreises mit den Hauptinseln Andøya, Langøya, Skogsøya, Hadseløya und Hinnøya. Auf den Vesterålen leben knapp 30000 Einwohner auf 2500 Quadratkilometern. Damit ist die Bevölkerungsdichte noch geringer als auf den Lofoten. Für viele Bewohner der Vesterålen sind die Lofoten ein rotes Tuch: Ihre Inselgruppe konnte nie den Ruf der berühmten Nachbarn im Süden erreichen. Wie auf den Lofoten bilden der Fischfang und die Fischverarbeitung sowie der Tourismus die wichtigsten Wirtschaftszweige. Auffallend sind aber auch die großen landwirtschaftlichen Nutzflächen. Manchmal fühle ich mich an meine Heimat, das bayerische Alpenvorland, erinnert, wenn zwischen den Feldern die roten Farmhäuschen spitzen und sich im Hintergrund die Küstenberge erheben.

Ich beschließe, das schlechte Wetter auszusitzen. Die Landschaft hier auf Langøya ist einfach zu spektakulär. Dschungelberge im ersten oder letzten Licht oder vielleicht sogar mit Nordlichtern darüber – das sind verlockende Aussichten. Ich suche mir ein ruhiges Plätzchen und warte. Am Abend, acht Stunden später, öffnet sich endlich die Wolkendecke, aber es ist bereits zu spät fürs letzte Licht. Ich warte weiter, hoffe auf Nordlichter. Ich befinde mich im Aurora-Oval, einem Gebiet rund um den nördlichen Polarkreis, in dem Nordlichter bei klarem Himmel mit besonders hoher Wahrscheinlichkeit zu beobachten sind. Seit über 20 Jahren fotografiere ich diese Lichtphänomene am nördlichen Himmel und bin zum Polarlichtsüchtigen geworden. Immer wenn ich im Norden unterwegs bin, scanne ich die Landschaften, suche Berge, Fjorde, Häuser, Städte, über denen sich die Polarlichter besonders gut machen würden. Hier habe ich einen Platz gefunden, der wahrscheinlich zu den spektakulärsten Plätzen überhaupt auf meiner inneren Liste für Polarlichtfotografie zählt: Die spitzen Berge ragen steil in den Himmel, erinnern an das Fitz-Roy-Massiv in Patagonien und fallen steil in den Auenfjord ab. Es weht kein Wind, was eine Voraussetzung für die perfekte Spiegelung ist, die ich mir vorstelle. Langsam wird es dunkel. Der aufgehende Vollmond taucht die Bergwelt in mystisches oranges Licht.

Gegen 23 Uhr plötzlich ein schwach grüner Schimmer. Aufgeregt stolpere ich die Felsen zum Fjord hinunter – nicht weniger begeistert als bei meinen ersten Nordlichtern vor 20 Jahren über der Brooks Range in Alaska. Unten angekommen, traue ich meinen Augen kaum: Die Berge leuchten im Mondlicht und zeichnen eine perfekte Spiegelung ins Wasser des Fjordes, darüber steht eine breite Nordlichtspirale, die sich ebenfalls im Wasser spiegelt und

langsam anfängt, sich zu bewegen, zu wabern, zu wandern. Das Schauspiel dauert fast zwei Stunden. Immer wieder flackern die Lichter über den Himmel. Um 1 Uhr packe ich zusammen – ich habe alles, was ich brauche. Ich lege mich schlafen und stelle meinen Wecker auf 7 Uhr morgens. Als der Wecker klingelt, merke ich an den Temperaturen im Auto, dass es draußen klar sein muss. Die Scheiben sind gefroren. Ich koche Kaffee und warte. Die Sonne trifft die Bergspitzen um 8 Uhr – was für ein Schauspiel! Die felsigen Gipfel leuchten in tiefem Rot, der Fjord ist immer noch spiegelglatt. Mein letztes Bild schieße ich um 11 Uhr vormittags, unfähig, mich von diesem Motiv zu trennen.

Genau so will ich die Landschaften im wilden Nordwesten Norwegens fotografieren. Ich hatte im Winter schon Glück auf den nördlichen Vesterålen. Damals waren es dramatische Wolkenstimmungen über unwirklichen Sandstränden, jetzt im Herbst sind es wunderbare Nordlichter und Lichtstimmungen über bewaldeten Bergen – die Vesterålen scheinen mich zu mögen, was übrigens auf Gegenseitigkeit beruht.

AUF DEM WEG IN DIE FINNMARK

Wer in die abgelegene Finnmark reisen will, der startet am besten in Tromsø, dem Tor zum Norden. Mit knapp 74 000 Einwohnern ist Tromsø die achtgrößte Stadt Norwegens. Sie liegt weit nördlich des Polarkreises. Auf diesem Breitengrad wächst in Alaska kein Baum mehr. Der warme Golfstrom sorgt in Nordnorwegen jedoch für milde Temperaturen, selbst im Winter. Bis hinauf nach Kirkenes, dem nordöstlichen Außenposten Norwegens, bleibt das Meer auch im

Rechts: Ein intensiver Nordlichtbogen spannt sich über die Lyngenalpen. In dieser Nacht im März 2013 erlebte ich die stärksten Nordlichter meines Lebens. Auf einer neunstufigen Skala erreichten sie die höchsten Werte.

Unten: Die Stelle am Annfjord auf Langøya hatte ich bei Tage ausgekundschaftet und blieb bis zur Nacht, auf Nordlichter hoffend. Ich hatte Glück: Gegen 23 Uhr, der Vollmond schuf eine geradezu gespenstische Atmosphäre, begann das Leuchten.

Folgende Doppelseite: Tagelang fegten heftige Winterstürme über Andøya, die nördlichste Insel der Vesterålen. Die Aufnahme zeigt einen einsamen Sandstrand nahe Bleik. Ich hatte genau zwei Minuten Licht, dann kam der nächste Schneesturm angezogen.

Rechts: Auch dieses Motiv am Øksfjord, der bereits zur Finnmark gehört, hatte ich mir am Tag zuvor gesucht. Ich hoffte, dass der Wind sich legen und der Himmel aufklaren würde. Windstill war es dann nicht ganz, dafür aber fast wolkenlos.

Winter eisfrei. Ich habe mich nie lange in Tromsø aufgehalten. Berühmt ist die Stadt für ihre Universität und die markante Eismeerkathedrale, und sie ist der Ausgangspunkt für viele Expeditionen in die Arktis. Praktisch alle Nordpol- oder Spitzbergen-Expeditionen laufen über Tromsø.

Mich zieht es relativ schnell hinaus in die Natur. Mein Ziel sind die Lyngenalpen auf der gleichnamigen Halbinsel. Von Tromsø fährt man lediglich knapp eine Stunde nach Breivik, steigt dort auf die Autofähre und ist in 30 Minuten in Svensby, das schon auf der Lyngen-Halbinsel liegt. Ungefähr 3000 Menschen leben auf der Halbinsel, deren Bergwelt nicht nur Erholungssuchende aus Tromsø, sondern besonders im Winter viele Wintersportler aus ganz Europa anzieht. Die Berge der Lyngenalpen erreichen knapp 2000 Meter Höhe. Das scheint nicht wirklich hoch. Führt man sich aber vor Augen, dass die Berge vom Meeresspiegel direkt auf diese Höhe hinaufschießen, wird greifbar, welche kolossale Wirkung diese zackigen, steilen, mit unzähligen Kanten versehenen Berge entfalten.

Im Winter kommen die Pulverschneesüchtigen aus dem Süden auf die Halbinsel gereist. Hier gibt es keine überfüllten Skipisten, keine Schlangen am Lift, keine Après-Ski-Verrücktheiten, stattdessen arktische Ruhe, wunderbaren weichen Schnee, unverspurte, kilometerlange Abfahrten und Blicke über Fjorde und Berge, die einem den Atem verschlagen. Allerdings muss man hart arbeiten, um die Berge zu erklimmen, Lifte gibt es keine. Für Skitourengeher sind diese Berge ein Paradies.

Mich als Fotografen haben die Lyngenalpen schon immer magisch angezogen, zu jeder Jahreszeit. Im Winter wirken die Berge besonders spektakulär, wenn sie sich vollkommen weiß von der tiefblauen Wasseroberfläche erheben. Im März 2013 erlebte ich

Diese Doppelseite: Diese beiden Bilder zeigen die Gegend um den Øksfjord in der einsamen Finnmark. Ich war Ende September unterwegs, die Birken waren bereits tiefgelb verfärbt und spiegelten sich im Ebbebereich des Fjords (unten). Nur selten ist es derart windstill, dass ein ganzer Fjord als Spiegel taugt, aber hier passte einfach alles: spektakuläre Berge, spiegelglattes Wasser und eine wunderschöne Herbstverfärbung (rechts).

hier eine magische, unvergessliche Nacht mit Nordlichtern der Stärke 9 von 9 Stufen. Den schönsten Blick auf die Bergwelt hat man von dem kleinen Ort Spåkenes aus, der nahe der E6 auf der östlichen Seite des Lyngenfjordes liegt. Bei Ebbe bilden sich am Strand kleine Tümpel, in denen sich die Berge perfekt spiegeln.

Die Fahrt auf der E6, der wichtigsten und längsten Verbindungsstraße Norwegens nach Norden, ist landschaftlich ein einziger Genuss. Immer wieder umfährt man ganze Fjorde, windet sich Bergpässe hinauf. Es lohnt sich, Abstecher zu machen, zum Beispiel am Langfjord, wo eine kleine, kurvige Bergstraße nach Øksfjord abzweigt, einem Anlegehafen der legendären Hurtigruten. Kurz vor dem Ort hat man einen fantastischen Blick über den gleichnamigen Fjord auf die spektakuläre Fjord- und Bergwelt.

Der Fjord ist sehr eng, wodurch die Küstenberge noch mächtiger wirken. Ich habe hier im September bereits mehrere Nächte verbracht, um auf das perfekte Licht zu warten. Wilde Berge, die sich in glatten Wasserflächen spiegeln – Fotografenherz, was willst du mehr? Am Øksfjord befindet man sich übrigens bereits in der Finnmark, der nördlichsten und einsamsten Provinz Norwegens.

UNTERWEGS IM ARKTISCHEN TEIL NORWEGENS

Die Finnmark ist eine Welt für sich. Auf einer Fläche von knapp 50000 Quadratkilometern leben nur 75000 Menschen. Das entspricht einer Bevölkerungsdichte von 1,5 Menschen pro Quadratkilometer – Verhältnisse wie in Alaska, und das mitten in Europa. Von den norwegischen Samen, also den Ureinwohnern Skandinaviens, lebt die Hälfte in der Finnmark. Das Klima hier oben ist rauer, die Landschaft ebenfalls, hier findet man keine lieblichen Postkartenmotive mehr wie etwa auf den Lofoten, den Vesterålen oder in den Lyngenalpen. Erst nördlich von Alta beginnt für mich die echte Finnmark mit ihrem ganz speziellen Landschaftscharakter. Die Berge sind zwar niedriger und nicht mehr so zackig, aber dafür kommunizieren sie mit der flachen arktischen Tundra oder einem Meer von Zwergbirken in ganz eigener Weise. Die Finnmark ist meine absolute Lieblingsregion in Norwegen. Wahrscheinlich ist es die Mischung aus rauem Land, unwirtlichem Klima und scheinbar unendlicher Weite, Stille und Einsamkeit.

Wer von Alta, der größten Stadt der Finnmark, weiter in den Norden möchte, der muss auf der E6 über die Sennalandet, eine karge Hochebene. Im Winter toben auf den Hochflächen oft extreme Winde, die in kürzester Zeit die Straße mit Schnee zuwehen.

Darum sind vor dem Anstieg zur Hochebene Schranken angebracht. Sind die Schranken unten, heißt es warten auf den Schneepflug. In Kolonne geht es dann hinter dem Schneepflug her. Die Monstermaschine fährt nur zu bestimmten Zeiten, die man an Schildern direkt an der Schranke erfährt (oder natürlich im Internet). Man muss also viel Zeit und Geduld mitbringen, wenn man im Winter in der Finnmark unterwegs ist. Eile scheint hier unbekannt. Nach der Durchquerung der Sennalandet-Hochebene erreicht man den Porsangerfjord, wo die Straße zum berühmten Nordkap abzweigt. Im Sommer ist auf der Straße nach Norden für hiesige Verhältnisse die Hölle los. Ein Wohnmobil nach dem anderen rollt in Richtung Norden. Anders im Winter: fast kein Verkehr, das Nordkap nicht befahrbar, Endstation ist dann Honningsvåg auf der Nordkap-Insel Magerøya. Wer in der kalten Jahreszeit unbedingt ans Kap will, der muss einen Schneepflug organisieren, der ihm die letzten knapp 35 Kilometer freischaufelt. Ich war im Sommer einmal am (fast) nördlichsten Punkt Europas und konnte nichts damit anfangen. Man wird empfangen von einem riesengroßen Parkplatz und einer satten Parkgebühr. Auf der hochgelegenen Plattform, die das Nordkap bildet, liegt die Nordkap-Halle, ein Touristenzentrum, das teilweise in den Stein gehauen wurde. Ein Restaurant, Souvenirläden und eine Kapelle erwarten hier die Reisenden, es werden Ausstellungen veranstaltet und in dem Postamt vor Ort kann man sich sogar ein Diplom abholen, das mit dem jeweiligen Datum gestempelt wird und auf immer nachweist, dass man das Nordkap erreicht hat. Der Aufwand lohnt – jährlich steuern 200 000 Touristen den grauen Felsen an. Dabei befinden sie sich in Wirklichkeit gar nicht am nördlichsten

Links: Ich wartete gerade auf die nächste Fähre, die mich von Breivik nach Svensby bringen sollte, als diese wilde Wolkenstimmung vor der zackigen Bergkulisse der Lyngenalpen mir quasi vor die Kamera fiel.

Punkt Europas, der liegt nämlich einige Kilometer westlich: Die Landzunge Knivskjellodden ragt noch 1400 Meter weiter ins Meer hinaus, allerdings flach und weniger spektakulär. Ein kleiner Wanderweg führt vom Nordkap dorthin.

Trotz der vielen Touristen mag ich Magerøya. Die Vegetation ist arktisch. Überall streunen die halbwilden Rentiere der Samen herum. Im Sommer kann man die Vögel des Nordens beobachten, wie zum Beispiel den Prachttaucher oder auch den seltenen Mornellregenpfeifer. Wer dem Trubel am Nordkap entgehen möchte, der sollte einen Abstecher auf die andere Seite der Insel machen. Das kleine Fischerörtchen Gjesvær im Nordwesten liegt wildromantisch zwischen unzähligen kleinen Schären auf einem kargen Felsplateau. Von hier aus starten Vogelbeobachtungstouren zu Papageitaucherkolonien und sogar Basstölpelfelsen. Ich habe auf Magerøya schon magische Herbstmorgen erlebt, umgeben von Nebelbänken, aus denen immer wieder runde Bergkuppen auftauchten: arktisch, wild, ungezähmt.

DIE EINSAME NORDKINN-HALBINSEL

Eine Alternative zum Nordkap, insbesondere wenn man Ruhe sucht, ist die einsame Nordkinn-Halbinsel. Hierher verirren sich nur wenige Touristen, schon gar nicht im Winter. Da das Nordkap auf einer Insel liegt, kann sich die etwas weiter im Süden gelegene Nordkinn-Halbinsel damit rühmen, der nördlichste Punkt des europäischen Festlandes zu sein.

Erst seit 1989 ist dieser menschenleere Landstrich an das norwegische Straßennetz angebunden. Im Winter ist hier sehr viel Geduld und Zeit erforderlich, tobt doch ein Sturm nach dem ande-

Unten: Der Winter in der Finnmark ist gnadenlos. Die Temperaturen können auf weit unter minus 30 Grad absinken. Ein Sturm nach dem anderen fegt über das Land. Hier zieht ein Schneesturm über den Varangerfjord nahe Vadsø.

Rechts: Auch dieses Bild entstand auf der wilden Varanger-Halbinsel auf halbem Weg nach Båtsfjord. Die Straße führt hier über eine Hochebene, und wir hielten uns aufgrund der Schneeverwehungen dicht hinter dem Schneepflug.

ren über der Region. Kolonnenfahren hinter dem Schneepflug gehört zum Alltag. Auf der Nordkinn-Halbinsel gibt es eine Handvoll Ortschaften wie Gamvik (270 Einwohner), Kjøllefjord (1300 Einwohner) oder Mehamn (900 Einwohner), wobei die Schiffe der Hurtigruten die beiden zuletzt genannten Orte ansteuern.

Im Herbst, wenn die vielen Zwergbirken sich verfärben, leuchtet die Halbinsel in den schönsten Gelb- und Orangetönen. Mit etwas Glück kann man hier Mitte September erleben, wie die Samen ihre Rentierherden auf den Winter vorbereiten. Sie treiben sie zusammen, markieren und impfen die Tiere, und es wird geschlachtet. Es ist ein ganz besonderes Erlebnis, diesen traditionellen Umgang zwischen Mensch und Tier aus nächster Nähe miterleben zu dürfen. Wie Magerøya ist auch die Nordkinn-Halbinsel nicht unbedingt mit spektakulären Landschaftsformen gesegnet, ihr höchster Punkt ragt gerade mal 486 Meter auf. Trotzdem übt gerade diese Landschaft eine ganz eigene Magie und eine starke Anziehungskraft aus – vielleicht weil sie sich so karg und wild präsentiert.

AUF HALBEM WEG NACH RUSSLAND: VARANGER

Weiter östlich geht es nicht mehr – zumindest in Norwegen. Viele sagen, die Varanger-Halbinsel sei die einzige arktische Region Norwegens. Und tatsächlich ist die bis zu 80 Kilometer lange Halbinsel etwas Besonderes. Hier im äußersten Nordosten Norwegens verliert der warme Golfstrom an Kraft, so kann es in strengen Wintern durchaus vorkommen, dass der Bøkfjord bei Kirkenes, das zwar nicht mehr auf der Varanger-Halbinsel liegt, aber zur gleichnamigen Region Varanger gehört, zufriert. Wie schon auf der Nordkinn-Halbinsel sind die Straßen im Winter mit Vorsicht zu genießen. Eigentlich tobt immer ein Wintersturm über der Region.

Mich zieht es im Februar dort hinauf. Ich will Winterlandschaften und Schneestürme filmen und fotografieren. Auf dem Weg nach Båtsfjord, einem kleinen Fischerdorf im Norden der Halbinsel, bleibe ich auf einer Hochebene im Schnee stecken. Keine Chance voranzukommen. Es herrscht Prachtwetter, nur leider weht auch ein derart starker Wind, dass die Straße nicht mehr zu sehen ist. Also warte ich auf den Schneepflug, hoffe, dass er mich sieht, und vertreibe mir die Zeit mit Fotografieren. Die Landschaft ist hocharktisch, Tundra. Der Wind pfeift über die Hochebene. Mit Windchill-Faktor liegt die Temperatur sicherlich bei weit unter minus 30 Grad. Dieses Licht, diese baumlose Tundra, die Schneewehen – ein Traum. Dann rumpelt der Schneepflug heran, in seinem

Schlepptau etwa zehn weitere Autos. Ich reihe mich ein, sehe aus dem Augenwinkel das Kopfschütteln des Schneepflugfahrers und erreiche nach 30 Minuten glücklich Båtsfjord.

Dieser Ort ist in der kalten Jahreszeit tatsächlich etwas Besonderes. Im Hafenbecken tummeln sich seltene hocharktische Vögel, die hier überwintern, zum Beispiel die gemeine Eiderente, die Prachteiderente, die Eisente und sogar die in dieser Gegend seltene Scheckente. Ich mache eine Ausnahme und fotografiere drei Tage statt Landschaften Enten – in allen Variationen.

Auch im Sommer ist die Varanger-Halbinsel ein Vogelparadies. Über 300 Arten sind hier zu beobachten. Schon im April kommen die ersten Vögel aus ihren Sommerquartieren. Dickschnabellumme, Papageitaucher, Tordalk, Gryllteiste, Basstölpel und viele andere Seevögel beziehen ihre Quartiere auf den Vogelfelsen. In der arktischen Tundra findet man Mornellregenpfeifer, Bekassine, Spornammer, Schneeammer und viele mehr. Mit etwas Glück kann man sogar den seltenen Gerfalken oder eine Schnee-Eule hier beobachten. Die Varanger-Halbinsel ist die einzige Region in Skandinavien, in der die Schnee-Eule regelmäßig brütet.

Ich mache mich nach drei Tagen wieder auf den Weg. Mein Ziel ist Vardø im äußersten Nordosten der Halbinsel. Hier soll Endstation meiner Reise durch Norwegens wilden Nordwesten sein. Eine 142 Kilometer lange Küstenstraße führt an der östlichen Seite der Insel hinauf Richtung Norden. Kurz bevor ich den Ort erreiche, fegt wieder ein Schneesturm über mich hinweg: dicke Flocken, keine Sicht. Dann, 15 Minuten später, bricht die Sonne durch die Wolken und gibt den Blick auf Vardø frei, das malerisch auf einer Insel im Meer liegt. Ich bin angekommen.

Rechts: Die Kultur der Samen, der Ureinwohner Skandinaviens, prägt die Finnmark und auch diese Landschaft auf der Porsanger-Halbinsel: Nach einem Schneesturm bricht die Sonne hervor und zaubert einen Regenbogen an den Himmel.

Unten: Die hölzernen Häuser nahe Vadsø auf der Varanger-Halbinsel trotzen den orkanartigen Böen, die an diesem Nachmittag über das Land fegen.

Unten: Ein nahezu windstiller Morgen auf der Nordkap-Insel Magerøya. Die typischen langgezogenen, eher unspektakulären Berge der nördlichen Finnmark spiegeln sich in einer kleinen Bucht nahe dem Fischerdorf Gjesvær.

Links oben: Nebel hat sich über die karge Landschaft Magerøyas gelegt. Es ist Mitte September. Noch zwei, drei Wochen, dann zieht hier der Winter ein und hält die Landschaft bis April in seinem eisigen Griff.

Links unten: An einem namenlosen Tümpel in der Tundra der Nordkinn-Halbinsel. Die Finnmark ist meine Lieblingsregion, zwar ist sie landschaftlich nicht so spektakulär wie die Küstengebiete im Süden, dafür aber wilder und einsamer.

Unten: In der Finnmark begegnet man dauernd halbwilden Rentieren. Dieses Tier lief direkt neben der Straße am Ufer eines Sees. Seine Silhouette hebt sich vom Blau des Hintergrunds ab.

Folgende Doppelseite: Herbstlandschaft auf der Nordkinn-Halbinsel nahe Gamvik. Mitte September hat die Herbstverfärbung in der Finnmark ihren Höhepunkt erreicht und die Zwergbirken zeigen sich im schönsten Gelborange.

Unten: Das letzte Licht eines fantastisch klaren Tages taucht die Küste nahe Gamvik auf der Nordkinn-Halbinsel in warmes Licht. Wer Ruhe und Einsamkeit sucht und nicht den Trubel am Nordkap, ist hier bestens aufgehoben.

Folgende Doppelseite: Ein intensives Morgenrot spannt sich über diese Bucht nahe Gjesvær auf der Nordkap-Insel Magerøya. Das wunderhübsche kleine Fischerdorf liegt nicht auf dem direkten Weg zum Nordkap und ist deshalb weniger frequentiert – ein Fehler.

Rechts oben: Ich habe Magerøya schon häufiger besucht, aber das Prachtwetter dieses Septembertages im Jahr 2016 übertraf alles. Die Aufnahme zeigt die Abendsonne über der nur wenige Kilometer vom berühmten Nordkap entfernten Knivskjel-Bucht.

Rechts unten: Die karge hocharktische Landschaft am Nordkap im Licht der untergehenden Sonne. Im Hintergrund sind die ersten Ausläufer einer heraufziehenden Schlechtwetterfront zu erkennen.

IM LAND
DER SAMEN
SCHWEDISCH-
LAPPLAND

Vorhergehende Doppelseite: Über dem zugefrorenen See Torneträsk erhebt sich mächtig Lapporten, das Tor nach Lappland (Bildmitte): Zwei felsige Berge bilden einen perfekten, gletschergeformten U-Bogen.

Diese Doppelseite: Mehrmals im Jahr treiben die Samen ihre Rentierherden zusammen: im Sommer, um die Kälber zu markieren, im Herbst, um die großen Bullen zu schlachten, und im Winter, um die Herden auf die Winterweidegebiete zu verteilen. Früher, als die Hirten nur hölzerne Skier zur Verfügung hatten, war es extrem aufwendig, die Herden zu finden und in die großen Gatter zu treiben, heute nutzen sie Smartphones, Skidoos und Helikopter.

Anfang Dezember nahe Lappeasuando. Das Thermometer zeigt minus zehn Grad. Nicht wirklich kalt für diese Jahreszeit. Perfekte Bedingungen, heißt es. Ich bin einfach nur froh, dass es wirklich geklappt hat. Fast drei Wochen ist das große Ereignis immer wieder verschoben worden, dann, am 4. Dezember, die Nachricht: In zwei Tagen kann es losgehen. Ich buche sofort einen sündhaft teuren Flug nach Kiruna und stehe zwei Tage später in der schwedischen Wildnis.

Alles kommt mir surreal vor. Dann plötzlich, Schnee wird aufgewirbelt. Ich sehe meine eigene Hand nicht mehr vor Augen. Ich höre nur das charakteristische Blöken der Rentiere, die zu Hunderten um mich herum kreisen. Hoffentlich sehen sie mich, schießt es mir durch den Kopf. Aber meine Sorge ist unbegründet: Immer ein paar Zentimeter, bevor es zu einem Zusammenstoß kommen würde, drehen die Tiere ab und traben elegant um mich herum. Ich befinde mich in einem abgezäunten Bereich, inmitten einer riesigen Rentierherde samt Hirten. Alles ist in Bewegung. Immer wieder schnappt sich ein Hirte eines der Tiere aus der kreisenden Herde. Wie er erkennt, welches Tier zu welchem Eigentümer gehört, ist mir ein großes Rätsel. Er packt es am Geweih und versucht es mit viel Geschick und Kraft zu Boden zu ringen. Andere kommen ihm zu Hilfe, und gemeinsam bringen sie das Ren in ein kleineres Gehege. So geht das Tier um Tier, Stunde um Stunde, bis es Zeit für eine Pause ist. Die verbleibende Herde wird in ein größeres Gatter getrieben, und die Arena bleibt für kurze Zeit verwaist. Die Hirten machen mit ihren Familien Pause, trinken, essen, unterhalten sich. Dann beginnt das Schauspiel von Neuem. Das Gatter wird geöffnet, und die Herde strömt herein.

Es sind magische Stunden, die ich hier verbringe. Mal rennen die Tiere, dann stehen sie wieder. Das Licht der Lichtmasten zaubert eine ganz eigene Stimmung. Das Stampfen und Schnauben der Rentiere ist Musik in meinen Ohren. Was für schöne, anmutige Tiere – für mich zählen sie zu den prächtigsten Geschöpfen des hohen Nordens. Bis in den späten Abend hinein herrscht Hochbetrieb, dann sind alle Rentiere auf ihre Besitzer verteilt und können in ihre Winterweidegebiete entlassen werden. Die Herden werden üblicherweise dreimal im Jahr zusammengetrieben: Im Sommer, um die Kälber zu markieren, im Herbst, um die großen Bullen zu schlachten, und im Winter, um die Herden in die jeweiligen Winterweidegebiete zu bringen. Mein Wintererlebnis habe ich Nils Labba zu verdanken. Ich traf ihn ein paar Monate zuvor zufällig in Nikkaluokta, einer kleinen Samen-Siedlung unweit von Kiruna.

Eigentlich wollte ich den Indian Summer in Schwedisch-Lappland fotografieren, als ich rund um den Ort die vielen Autos bemerkte sowie einen Helikopter in ständigem Einsatz. Ich wurde neugierig und machte mich auf den Weg, um die Quelle des Lärms zu finden. Ich entdeckte ein wahres Schlachtfeld: Auf einem riesigen Gelände lagen überall tote Rentiere, meist schon gehäutet und zerlegt, dazwischen die Rentierhirten und ihre Familien. Ich fragte einige, ob ich Fotos machen dürfte, traf aber auf viel Ablehnung – zu viele schlechte Erfahrungen mit Fotografen. Dann traf ich Nils, der freundlich meinte: »Na klar!«

Ursprünglich wollte ich nur kurz bleiben, ein paar Fotos machen, daraus wurden Stunden, schließlich der ganze Tag. Bereits vor Jahren hatte ich das Leben der Samen in der norwegischen Finnmark dokumentiert und auch an den Schlachtungen im Herbst teilgenommen – schnell war die alte Faszination wieder geweckt. Als Nils mir dann von der ganz besonderen Atmosphäre im Winter erzählte, wenn das Zusammentreiben in eisiger Kälte stattfindet, beschloss ich sofort, im Dezember wiederzukommen und neben der Natur Schwedisch-Lapplands auch die Kultur der Samen in mein Buch aufzunehmen.

DIE SAMEN – EIN VOLK VON NOMADEN

Lappland lässt sich nicht getrennt von den Ureinwohnern Skandinaviens betrachten. Ähnlich wie die Inuit in der hohen Arktis leben die Samen in symbiotischer Beziehung zum Land und insbesondere zum Ren. »Sápmi«, Land der Samen, ist der Name des Landes, in dem die Samen traditionell siedelten und zum großen Teil heute

Rechts: Im Dezember 2015 erlebte ich einen winterlichen Rentierscheid – ein Traum wurde wahr. Tagelang treiben die Besitzer die Herden zusammen, dann pferchen sie sie in ein großes Gatter, wo die Tiere instinktiv beginnen, im Kreis zu laufen.

noch leben. Das Gebiet, das die Samen ursprünglich bewohnten, erstreckt sich über weite Teile Schwedens, Norwegens und Finnlands bis hinüber zur Kola-Halbinsel im Osten, die bereits zu Russland gehört. Die Samen sind Nachkommen der Jäger und Sammler, die vor etwa 10 000 Jahren in Skandinavien einwanderten, als das Inlandeis zu schmelzen begann, und sie zunächst den eisfreien Küstenstreifen besiedelten. Das Land bot alles, was sie brauchten: Wild, Fisch, genießbare Kräuter und Beeren. Die Samen lebten lange als reine Jäger und Sammler.

Wie lange es her ist, dass die Samen begannen, Rentiere zu domestizieren und zu züchten, ist nicht vollkommen geklärt. Die ersten Berichte über dieses Volk stammen aus dem 9. Jahrhundert, der wichtigste von dem Norweger Ottar von Hålogaland. Dieser charakterisierte die Samen in seiner Beschreibung für den englischen König Alfred den Großen als ein Volk von Jägern, das in erster Linie von Fischfang und Rentierjagd lebt. Er erwähnte aber auch domestizierte Rentiere. Die berühmten Felsritzungen von Alta zeigen unter anderem Szenen, die etwa 6000 Jahre alt sind und Rentiere und Menschen gemeinsam in einem von einem Muster eingerahmten Bereich darstellen, der sich als Zaun deuten lässt. Hier könnte es sich um eine Treibjagd handeln, aber vielleicht auch um frühe Methoden der Samen, die Rentiere für sich nutzbar zu machen. Zunächst fanden Rentiere allerdings vorrangig als Last- und Zugtiere Verwendung, und die Domestizierung und Zucht ganzer Herden entwickelte sich erst im 16. und 17. Jahrhundert.

Die Samen werden gemeinhin als Rentiernomaden bezeichnet. In der Ethnologie versteht man unter Nomadentum eine Wirtschaftsform, also eine Form des Nahrungserwerbs. Der Mensch folgt dem Tier, das nur halbdomestiziert ist und auf der Suche nach

Diese Doppelseite: Die Hirten betreten den abgezäunten Bereich, suchen sich gezielt ihre Tiere, manchmal um sie zu markieren oder zu untersuchen, meistens jedoch um sie den jeweiligen Eigentümern zuzuteilen.

den besten Futterplätzen umherzieht. Das Tier, bei den Samen das Rentier, ist dabei nicht nur Hauptnahrungsquelle, sondern liefert auch wichtige Rohstoffe für zahlreiche Gebrauchsgegenstände des täglichen Lebens: Fell und Haut der Tiere werden zu Schuhen, Kleidung und Decken verarbeitet. Wohin die Wanderung geht, hängt vom Nahrungsangebot für die Tiere ab. So verbringen die Rentiere in der norwegischen Finnmark die Sommermonate an der Küste und wandern dann im Winter zurück ins Binnenland und hinauf auf die Fjells, die tundraartigen Hochflächen der Region. Der starke Wind auf den Bergen sorgt dafür, dass die Weiden und Flechten nicht unter einer schweren Schneeschicht vergraben sind. In Schweden ziehen dagegen viele Tiere im Sommer auf die Fjells und verbringen die Wintermonate in den niedriger gelegenen Wäldern.

Das Ren, »Rangifer tarandus«, das zentrale Nutztier der Samen, gehört zu den Hirschen und ist die einzige Hirschart, bei der auch die Weibchen ein Geweih tragen, wenn auch ein bedeutend kleineres als die Männchen. Im Winter werfen die Tiere ihre Geweihe ab. Die Körpergröße der ausgewachsenen Rentiere schwankt stark je nach Verbreitungsgebiet; die Schulterhöhe liegt zwischen 90 und 140 Zentimetern, wobei die Weibchen eher kleiner ausfallen. Rentiere leben in kleineren Verbänden und schließen sich nur für die großen Wanderungen im Frühling und Herbst zu riesigen Herden zusammen. Im Gegensatz zu den sibirischen und skandinavischen Rentieren, die schon früh als Trag- und Zugtiere eingesetzt wurden, wurde das Karibu, das Rentier Nordamerikas, nie domestiziert.

DIE SAMEN HEUTE

Wie so viele indigene Völker haben auch die Samen lange Jahre der Unterdrückung erdulden müssen. Die Christianisierung der Samen begann bereits im Mittelalter und galt Mitte des 18. Jahrhunderts offiziell als abgeschlossen, obgleich viele Elemente ihrer Religion im Untergrund weiterlebten. Das Sprechen der samischen Sprache, die übrigens zur finno-ugrischen Sprachfamilie gehört, wurde verboten und stand zeitweilig sogar unter Strafe. Die samische Kultur wurde als rückständig angesehen, der Schamanismus, ein zentrales Element ihrer Religion, gar als Teufelszeug gebrandmarkt. Auch der traditionelle Gesang der Samen, der Joik, der rituelle Wurzeln hat, war zwischen dem 18. und 20. Jahrhundert verboten und galt noch darüber hinaus im christlichen Umfeld teilweise als Sünde. Die traditionellen Landnutzungs- und Jagdrechte der Samen wurden ebenfalls in Frage gestellt und teilweise aufgehoben. Ziel war es, die Samen in die jeweiligen Nationalkulturen einzugliedern, was offensichtlich, zumindest partiell, funktioniert hat: Die meisten jungen Samen sprechen heute kein Samisch mehr.

Aktuell leben nach Schätzungen um die 70000 Samen im ursprünglichen samischen Siedlungsgebiet in Norwegen, Schweden, Finnland und Russland. Es hat sich einiges verbessert. In den drei skandinavischen Ländern wurden ab 1973 Samen-Parlamente gebildet, die von der samischen Bevölkerung gewählt werden, wobei dem norwegischen Samen-Parlament die meisten finanziellen Mittel und zudem eingeschränkte Verwaltungsrechte in weiten Teilen der Finnmark zur Verfügung stehen. Der Einfluss der circa 20000 schwedischen Samen ist hingegen begrenzt. Das schwedische Samen-Parlament fördert und vertritt die Interessen der Volksgruppe in Schweden, es ist aber der schwedischen Administration unterstellt und hat explizit keinen Autonomiestatus.

Obwohl die Zeit der kulturellen Unterdrückung der Samen im 21. Jahrhundert Vergangenheit ist, kommt es in Schweden immer wieder zu Konflikten, insbesondere hinsichtlich der Landrechte. Die Samen fordern für ihre Rentierherden freien Zugang zum Land – Land, das in ihren Augen seit Jahrhunderten ihnen gehört. Der schwedische Staat sieht das anders. Seiner Meinung nach gehört sämtliches wilde Land dem Staat. Und hier beginnen die Streitigkeiten. Die Rentierherden brauchen Platz zum Wandern und können keine Rücksicht auf Grenzen oder Eigentum nehmen. Der schwedische »Reindeer Husbandry Act« von 1999 sollte Regeln schaffen. Er gesteht den Samen zwar Nutzungsrechte sowohl auf privatem Land wie auch auf Land, das dem Staat gehört, zu, nur haben die Samen keinen Einfluss darauf, was mit dem jeweiligen Land passiert. Intensive wirtschaftliche Nutzung, der Abbau von Bodenschätzen oder Rodungen können ohne die Zustimmung der Samen beschlossen werden, bedeuten für sie aber einen erheblichen Eingriff in ihre Lebensgrundlage.

Die Rentierhaltung hat sich heute grundlegend geändert. Waren früher erhebliche körperliche Anstrengungen nötig, um die Tiere zu finden und zusammenzutreiben, nutzen die Hirten heute modernste Verkehrsmittel wie Skidoos oder Quads. Die Kommunikation läuft über das Smartphone. Trotzdem bleiben die Anstrengungen enorm. Wer jemals bei minus 40 Grad stundenlang mit dem Schneemobil unterwegs war, kann dies nachvollziehen. Viele junge Samen wollen dieses anstrengende, entbehrungsreiche Leben nicht mehr führen. Es gibt heute nur noch wenige Samen, die

Links: Eine Rentierherde in Bewegung – es ist ein einmaliges Erlebnis, inmitten einer riesigen, schnaubenden und stampfenden Menge dieser majestätischen Tiere zu stehen und sie hautnah erleben zu dürfen.

wirklich von der Rentierzucht leben, in Schweden sind es aktuell 4600. Obwohl also der weitaus größte Teil der Samen keine professionelle Rentierzucht mehr betreibt, ist die Arbeit mit den Rentieren bis heute ein bestimmender Teil der kulturellen Identität der Samen. Und so verwundert es nicht, wenn bei den Rentiermarkierungen Hunderte Helfer zusammenkommen, Personen, die in völlig anderen Berufen arbeiten, aber ihre Hilfe anbieten, wenn sie gebraucht wird.

Ich bin mir bewusst, dass die hier gezeigten Bilder letztlich das Klischee der Samen als Rentierzüchter und -halter bedienen, das nur eine Facette der Lebenswirklichkeit dieser Menschen ausmacht. Dabei handelt es sich aber um eine sehr wichtige Facette samischer Kultur und Identität, die zudem aufgrund der dargestellten Entwicklungen Gefahr läuft, verloren zu gehen. Darum scheint es mir wichtig, diese Bilder zu zeigen und mit ihnen die Faszination für das traditionelle Leben der Samen festzuhalten und weiterzugeben, wie sie sich mir in einigen besonderen Erlebnissen, etwa während der Rentiermarkierungen oder beim Wintermarkt in Jokkmokk, präsentiert hat.

DER WINTERMARKT IN JOKKMOKK

Minus 42 Grad zeigt das Thermometer. Ich bin auf dem Weg nach Jokkmokk, einem kleinen Ort mitten im Wald, der knapp nördlich des Polarkreises liegt. Ich möchte zum berühmten Wintermarkt, dort fotografieren und alles erleben. Als ich ankomme, herrscht schon reges Treiben. Überall duftet es nach frisch gebratenem Rentierfleisch. Die Händler bieten lautstark ihre Waren an. Ich lasse mich sofort einfangen von der ganz besonderen Atmosphäre.

Diese Seite: Genau diese Art von Bildern hatte ich schon lange im Kopf: Sie spiegeln die geradezu mystische Atmosphäre des winterlichen Rentierscheids, wenn die Tiere im Gatter kreisen und mit ihren Hufen den feinen, trockenen Schnee aufwirbeln, der dann minutenlang in der Luft schwebt. Manchmal kann man seine Hand vor Augen nicht mehr erkennen, so dicht ist der Schneestaub.

Diese Seite: Mitten im Getümmel stehen die Hirten und versuchen, in dem ganzen Durcheinander ihre Rentiere auszumachen, die sie an Markierungen auf dem Fell erkennen. Wenn sie eines erspähen, versuchen sie, es im Lauf an den Hörnern zu packen und unter Kontrolle zu bringen – ein schwieriges, aufreibendes Unterfangen, da die Tiere äußerst kräftig sind. Die eingefangenen Tiere werden dann in das Gatter des jeweiligen Eigentümers gebracht.

Diese Doppelseite: Winterimpressionen am Torneträsk am Rande des Abisko-Nationalparks: Tiefe Temperaturen und starke Winde haben am Ufer des siebtgrößten Sees Schwedens diese Wunderwerke aus Eis und Schnee entstehen lassen. Normalerweise ist der Torneträsk bis in den Mai hinein mit einer meterdicken Eisschicht überzogen. Die Winter werden jedoch immer wärmer, das Eis kommt später und taut früher wieder.

Der Wintermarkt in Jokkmokk beginnt jedes Jahr am ersten Donnerstag im Februar und endet am darauffolgenden Samstag. Samen aus ganz Skandinavien kommen hier für drei Tage zusammen, um gemeinsam das gesellschaftliche Ereignis des Jahres zu begehen. Alle verfügbaren Räumlichkeiten stehen offen für Familienfeiern, Tanzveranstaltungen, Ausstellungen oder Verkaufsstände, an denen von Rentierfleisch über Kleidung bis hin zu Stoffen, Fellen, Birkenrinde für das Kunsthandwerk und Schnitzhölzern alles Erdenkliche feilgeboten wird. Die Tage sind außerdem von Darbietungen samischer Musiker geprägt.

Die Anfänge des Wintermarktes gehen bis ins 16. Jahrhundert zurück, wobei die Gegend rund um das heutige Jokkmokk schon davor ein wichtiger Handelsplatz der Samen war. Der schwedische König Karl IX. versuchte damals, seinen Einfluss gen Norden auszuweiten, machte den Ort 1602 zu einem von mehreren Märkten in der damaligen Lappmark. Erste Ansiedlungen entstanden. Ziel war es aber nicht nur, den Handel der umherziehenden Samen zu vereinfachen und Einfluss auf diese zu gewinnen, sondern auch zu missionieren. Deshalb finden bis heute während der Markttage Taufen und Hochzeiten statt. Darüber hinaus bot der Markt auch die Möglichkeit, zu Gericht zu sitzen, Steuern einzutreiben und die samische Bevölkerung zu erfassen. So ist die Entstehungsgeschichte des Marktes Teil einer Geschichte des Kolonialismus im hohen Norden. Mitte des 20. Jahrhunderts verlor der Markt an Bedeutung, was sich aber mit dem Einsetzen des Tourismus in eine rasante Erfolgsgeschichte wandelte: Heute besuchen jährlich mehr als 40000 Menschen aus aller Welt Jokkmokk während der Markttage. Der Markt ist ein wichtiger Wirtschaftsfaktor in der Region und ein bedeutender Treffpunkt der Samen.

Ich genieße das bunte Treiben. Über den Ständen hängt eine Nebelglocke. Die Kälte dringt durch alle Fasern meiner Kleidung, aber bei Glühwein und Rentiergeschnetzeltem wird mir sofort wieder warm.

Anschließend bleibe ich drei weitere Wochen in Lappland. Der Winter in dieser Gegend ist etwas ganz Besonderes, die Landschaft tief verschneit, und überall herrscht friedliche Ruhe. Ich unternehme Schneeschuhwanderungen und beobachte tanzende Nordlichter am nächtlichen Himmel. Ich lese und schlafe viel. Die Sonne geht erst um 9 Uhr auf und schon um 15 Uhr wieder unter. Perfekte Bedingungen, um sich vom Wahnsinn in unseren Breitengraden zu erholen.

WELTNATURERBE LAPONIA

September 2014. Ich stehe am Ufer des Stausees Akkajaure und warte. Ich warte auf den Helikopter, der mich über das Tal Rapadalen fliegen soll. Fast eine Woche habe ich gutes Wetter herbeigesehnt. Nun endlich zeigt sich Schwedisch-Lappland von seiner besten Seite: strahlend blauer Himmel, Nebelschwaden, perfekte Herbstverfärbung. Dann knattert es, der Helikopter taucht auf. Mein Pilot musste noch ein paar Samen ausfliegen, die mit ihrem herbstlichen Rentierscheid beschäftigt waren.

Nun also geht es los. Die Fenster sind offen, meine Kamera bereit. Schon nach wenigen Sekunden beginne ich zu fotografieren. Unter uns Nebelbänke, Flussläufe, tieforange Birken. Ich befürchte plötzlich, dass meine Speicherkarten nicht ausreichen könnten, um alles auf den Chip zu bannen. Nach 15 Minuten Flug erreichen wir das Flussdelta des Rapaälven. Ein unglaublicher Anblick: Berge, verzweigte Flussläufe, bunte Landschaften und am Ende des Tals der markante Nammatj, ein Felsklotz, der in dieser Gegend fast ein wenig fremd wirkt.

Für mich geht mit diesem Helikopterflug ein Traum in Erfüllung. Jahrelang hatte ich diese Bilder im Kopf. Zweimal war ich bereits in der Region, ohne einen solchen Flug unternehmen zu können. 2003 bin ich nach Aktse am Rande des Sarek-Nationalparks gewandert, habe dort für eine Woche mein Zelt aufgeschlagen und Tagestouren unternommen. Es war eine wunderbare Zeit, so weit weg von der Welt, in einer fast unberührten Wildnisregion. Mein Traum vom Fliegen scheiterte damals allerdings am schlechten Wetter. Ebenso bei meinem zweiten Besuch in der Region einige Jahre später.

Jetzt also dieses Wetterglück und ein Pilot, der genau weiß, was Fotografen wollen. Immer wieder fragt er mich, wie hoch oder tief er gehen oder ob er noch die eine oder andere Schleife fliegen soll. Ich fotografiere in knapp einer Stunde 40 Gigabyte – wie im Rausch.

Das Rapa-Delta liegt am Rande des Nationalparks Sarek, der unter dem Namen Laponia seit 1996 mit drei weiteren Nationalparks (Muddus, Padjelanta und Stora Sjöfallet) sowie mehreren Naturreservaten (Sjaunja, Stubba, Sulitelma, Tjuoltadalen und Rapadalen) zum Weltnaturerbe der UNESCO gehört. Das geschützte Gebiet, das im Westen an Norwegen grenzt, umfasst derzeit 9400 Quadratkilometer und zählt zu den letzten echten Wildnisregionen in Europa. Hier ist die größte kontinentaleuropäische Population des Polarfuchses beheimatet, aber auch Vielfraß, Braunbär, Elch und

Unten: Ein Wintermorgen wie aus dem Bilderbuch: die Bäume dick eingepackt in Eis und Schnee, darüber ein fantastisches Morgenrot. Winter in Schwedisch-Lappland ist etwas ganz Besonderes – traumhafte Schneelandschaften voll friedlicher Ruhe.

Folgende Doppelseite: Eine klare Winternacht nahe Lappeasuando. Ich wartete auf Nordlichter, wurde jedoch enttäuscht. Als ich bereits einpacken wollte, ging plötzlich der Mond auf und tauchte die verschneiten Bäume in gespenstisches Licht.

Links: Eine Nordlichteruption über dem zugefrorenen See Torneträsk. Der Mond leuchtet die Landschaft wunderbar aus. Dann machte ich diese Aufnahme.

Unten: Ganz andere Bedingungen herrschten, als ich dieses Polarlicht über einem kleinen See nahe Nikkaluokta beobachtete: Die Aufnahme entstand im Herbst bei knapp fünf Grad plus und Windstille – paradiesische Bedingungen für Nordlichtfotografen.

Links: Die schönste Zeit in Schwedisch-Lappland ist Anfang September, wenn die Landschaft für kurze Zeit im Herbstkleid erstrahlt. Hier spiegelt sich das berühmte Lappentor auf der Oberfläche eines Sees im Abisko-Nationalpark.

Luchs streunen noch durch dieses nahezu unberührte Wildnisgebiet. Der Zusatz »nahezu« ist wichtig, besiedeln doch die Samen seit Jahrtausenden das Gebiet. Im Naturerbe gibt es sieben Samebyer, also Samen-Dörfer, die Rentierzucht betreiben dürfen: Baste earru (Mellanbyn), Unna earuš (Sörkaitum), Sirkas, Jåhkågasska und Tuorpon sowie Luokta-Mávas und Gällivare skogssameby. Diese Dörfer sind nur in den Sommermonaten von Rentierzüchtern bewohnt, die allerdings nicht nur innerhalb, sondern auch außerhalb des geschützten Gebietes ihrer Wege ziehen. Als eine Region des außergewöhnlichen Zusammenspiels zwischen Mensch und Natur ist Laponia nicht nur Weltnaturerbe, sondern auch Weltkulturerbe.

Die landschaftliche Vielfalt in den verschiedenen Nationalparks und Naturreservaten ist groß. Im Westen liegt die Hochebene Padjelantas mit ihren zahlreichen Seen, weiter im Osten die Hochgebirgsregionen des Sarek- und Stora-Sjöfallets-Nationalparks. Zum Sarek-Nationalpark gehören nicht nur einige der höchsten Berge Schwedens, sondern auch unzählige Gletscher. Noch weiter östlich wird die Landschaft wieder flacher, so dominieren beispielsweise den Muddus-Nationalpark Wälder, Seen und ausgedehnte Moorgebiete.

ABISKO-NATIONALPARK

Ganz im Nordwesten Schwedisch-Lapplands, schon an der Grenze zum benachbarten Norwegen, können sich Wanderer und Abenteurer noch an zwei weiteren Nationalparks erfreuen: dem Abisko sowie dem abgelegenen Vadvetjåkka. Letzteren habe ich bisher selbst noch nicht besucht, aber der Absiko-Nationalpark gehört zu meinen absoluten Lieblingsorten. Er wurde bereits 1909 eingerich-

Rechts: Die Aufnahme entstand Mitte September bei einer Wanderung im Stora-Sjöfallet-Nationalpark. Der Blick gleitet über die Landschaft in ihrem prächtigen, bunten Herbstkleid auf den See Akkajaure und das Bergmassiv Akka.

tet und ist somit einer der ältesten Nationalparks Europas. Dieser Park bietet wahrscheinlich den leichtesten Zugang zur nordschwedischen Bergwelt. Hier beginnt auch der bekannte Fernwanderweg Schwedens, der Kungsleden, der 500 Kilometer in den Süden bis nach Hemavan verläuft. Eine der meistbegangenen Teilstrecken des Kungsleden ist die 200 Kilometer lange Etappe von Abisko nach Kvikkjokk, eine wahre Traumroute für Nordlandbegeisterte. Man durchquert einsame nordische Gebirgstäler, flankiert von den höchsten Bergen Schwedens. Wasserfälle, die sich aus schwindelerregenden Höhen in die Tiefe stürzen, wechseln sich ab mit sanften Blumenwiesen. Ich bin das Teilstück vor über 15 Jahren gegangen, ohne Kamera – ein reiner Augenschmaus.

Wer sich dem Abisko-Nationalpark von Norden nähert, wird mit einem ganz besonderen Panorama belohnt. Kurz nach dem kleinen Ort Riksgränsen an der norwegisch-schwedischen Grenze öffnet sich ein weites Tal, das der See Torneträsk ausfüllt, mit einer Länge von 70 Kilometern und einer Breite von neun Kilometern der siebtgrößte See Schwedens. Wer nicht jetzt schon überwältigt ist von der Weite und Schönheit der Landschaft, der wird spätestens dann kapitulieren, wenn Lapporten ins Blickfeld rückt: Zwei mächtige, felsige Berge bilden ein perfektes, gletschergeformtes U-Tal – das Lappentor, die Pforte nach Lappland.

Vorbildlich im Abisko-Nationalpark ist das bestens ausgebaute Besucherzentrum: Das Abisko-Naturum liegt direkt an der Straße und ist ein Muss für jeden Reisenden. Im Naturum werden die Lebensräume des Parks beschrieben sowie viele der dort heimischen Tiere und Pflanzen vorgestellt. Tipps für Wanderungen erhält man dort natürlich auch. Gleich am Rand des 77 Quadratkilometer großen Parks liegt der Abisko-Canyon, eine wilde, von dem

Diese Doppelseite: Luftaufnahmen vom Rapa-Delta am Rande des Sarek-Nationalparks. Es war Mitte September, und ich hatte fast eine Woche auf gutes Wetter gewartet, dann kam mein Tag: wolkenloser Himmel, perfekte Herbstfarben, Traumlicht. Ich charterte einen kleinen Helikopter und flog über eine der schönsten, wildesten Landschaften Europas.

Links: Das wunderschöne Flussdelta des Rapaälven mit seinen weitverzweigten Flussläufen erstrahlt in bunten Herbstfarben – im Bildzentrum der markante Felsklotz Nammatj. Die Berge im Hintergrund gehören bereits zum Nationalpark Sarek.

Fluss Abiskojåkka in den Fels gegrabene Schlucht. Bei schlechtem Wetter habe ich schon Tage dort verbracht, um die Stromschnellen und die steil abstürzenden Felswände auf den Sensor zu bannen. Seit 1966 gibt es sogar einen Sessellift in der Region, der auf den 1169 Meter hohen Nuolja führt. Vom Gipfel genießt man einen schönen Blick auf das Lappentor und den See Torneträsk.

Der Abisko-Nationalpark liegt inmitten des nördlichen Polarlichtovals und ist somit prädestiniert für das »Nordlichtwatching«. Im Winter treffen sich hier Nordlichtenthusiasten aus der ganzen Welt. Oben, fast auf dem Gipfel des Nuolja, auf 900 Metern Höhe, wurde die sogenannte Aurora Sky Station eröffnet. Die Station bietet im Winter eine Cafeteria, einen geheizten Raum mit Panoramafenster, wo sich jeden Abend zwischen November und März Hunderte Nordlichtfans, meist aus dem asiatischen Raum, drängeln. Das Gebiet um Abisko gehört zu den trockensten Regionen ganz Schwedens, da es im Regenschatten der norwegischen Küstenberge liegt. Gutes Wetter ist hier also fast garantiert – und damit eine wichtige Voraussetzung für die Nordlichtbeobachtung.

Ich verbinde eine Vielzahl wunderbarer Erinnerungen mit Lappland: eine grandiose Nordlichtnacht am 14. Februar 2012 am Ufer des Torneträsk, die Begegnung mit einem riesengroßen Elchbullen im Rapadalen im Jahr 2003, den Flug über das Rapadalen im September 2014, um nur die wichtigsten zu nennen. Lappland ist für mich Sehnsuchtsort, nicht ganz so wild wie Alaska, dafür aber viel einfacher zu erreichen. Ich glaube, es ist an der Zeit, Lappland ein eigenes Projekt zu widmen.

Rechts: Über Nacht hat der Winter Einzug gehalten in Schwedisch-Lappland. Bald schon wird der kleine Wasserfall in Eis erstarrt sein. Der Herbst dauert in Lappland nur zwei bis drei Wochen.

Unten: Nachdem es die ganze Nacht hindurch geregnet hatte, lichteten sich die Wolken genau zum Sonnenaufgang und der anbrechende Morgen zauberte sein tiefrotes Licht auf die Berge nahe der kleinen Samen-Siedlung Nikkaluokta.

Folgende Doppelseite: Herbst im Stora-Sjöfallet-Nationalpark. Der Park ist weniger bekannt als der Abisko- oder auch der Sarek-Nationalpark, aber nicht minder schön. Wer Ruhe und Einsamkeit sucht, der ist hier richtig aufgehoben.

GRENZGÄNGER

ARIS BÄREN AN DER FINNISCH-RUSSISCHEN GRENZE

Vorhergehende Doppelseite: Ein Braunbär spiegelt sich in einem kleinen See im finnisch-russischen Grenzgebiet nahe Vartius. Die Bären hier sind Grenzgänger: Sie wandern zwischen Russland und Finnland hin und her.

Unten: Dieser Fußabdruck ist ein untrügliches Zeichen: Der erste Bär ist da, die Bärenbeobachtungssaison somit eröffnet. Anfang April zeigen sich die ersten Bären in der Gegend rund um Aris Wild Brown Bear Center.

Rechts: Mitte April liegt der Schnee im Nordosten Finnlands meterhoch. Wer zu dieser Zeit das Wild Brown Bear Center besucht, kommt meist in den Genuss, allein draußen bei den Bären zu sein.

Der fünfte Tag, und immer noch keine Sichtung. Ich sitze in einem kleinen Holzverschlag, neben mir köchelt eine tragbare Spiritusheizung. Draußen dürften es minus 20 Grad sein, hier angenehme plus 15. Ein Schneesturm nach dem anderen fegt heute über das Land. Wenn er jetzt auftauchen würde, wäre es perfekt, aber es passiert nichts. Ich starre weiter in die weiße Landschaft. Mir läuft langsam die Zeit davon. Ich habe zwar noch weitere fünf Tage hier an der finnisch-russischen Grenze, doch die Tiere kommen und gehen, wann sie wollen. Es ist Mitte April. Ich will Braunbären im Schnee fotografieren, kurz nachdem sie aus ihrem Winterschlaf aufgewacht sind. Während die Tiere im Sommer oder im Herbst täglich auftauchen, ist im April alles unsicher. Ich weiß nur, dass die ersten Bären schon wach sind – Abdrücke ihrer großen Tatzen im Schnee sind ein eindeutiges Zeichen. Jetzt müssen sie nur noch vor meinem Versteck erscheinen. Vielleicht hätte ich eine Woche später kommen sollen, aber das Risiko, dass ein Wärmeeinbruch den Schnee wegtaut, war zu hoch. Das Zeitfenster, um in Lappland Bären im Schnee zu fotografieren, ist eng.
Am sechsten Tag sitze ich wieder ab 16 Uhr im Versteck und warte. Nichts. Zu meiner eigenen Überraschung bleibe ich tiefenentspannt. Das Warten hat etwas Meditatives. Ich genieße es fast, diese Ruhe, unterbrochen nur vom Glucksen der Raben. Dann geht alles plötzlich sehr schnell. Von rechts taucht ein riesiger Bär auf. Im ersten Moment kann ich es gar nicht glauben, verschütte meinen Tee, verfalle in Hektik. Nach sechs Tagen des Wartens auf diesen Moment ist es gar nicht so einfach, ruhig zu bleiben. Zum Glück ist der Bär sehr vorsichtig, wagt sich anfangs nicht richtig aus dem Wald hervor und lässt mir ein wenig Zeit.

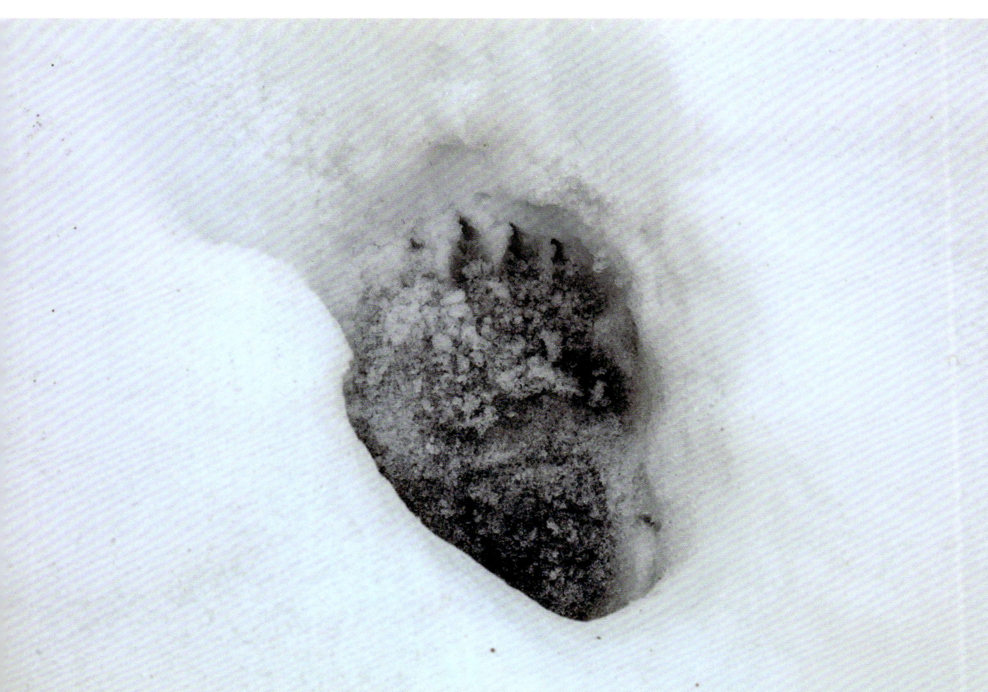

Immer wieder hebt er seinen Kopf und versucht, mit seiner empfindlichen Nase die Lage zu erkunden. Schließlich stapft er los. Unglaublich. Ein wunderschöner dunkelbrauner Bär mitten im Weiß der verschneiten Landschaft. Ich fotografiere ein ums andere Bild. Immer wieder schaut der Bär zu mir herüber. Er spürt, dass irgendetwas nicht stimmt. Doch er hat den nach der langen Fastenzeit unwiderstehlichen Geruch von etwas Essbarem in der Nase und steuert zielgerichtet auf den kleinen Holzkasten mit dem Köder zu. Mit seinen Tatzen öffnet er den Kasten und frisst die Leckereien. Er ist jetzt ungefähr zehn Meter von mir entfernt. Was für ein schönes Tier. Ein wahrer Riese, wie er mir selbst im Herbst selten begegnet ist. Er hebt den Kopf, schaut direkt in die Kamera, dann dreht er ab und stapft in den Wald. Das Aufeinandertreffen hat lediglich zwei bis drei Minuten gedauert.

Für mich geht ein Traum in Erfüllung. Schon immer wollte ich einen Bären im Schnee fotografieren. In 20 Jahren Alaska ist mir das nie gelungen, erst hier im äußersten Osten Finnlands konnte ich es realisieren.

IM BÄRENLAND: DAS WILD BROWN BEAR CENTER

Ich kenne den Betreiber des Wild Brown Bear Center, Ari Saaki, bereits, seit ich diesen Ort im Jahr 2010 zum ersten Mal besucht habe. Seitdem bin ich immer wieder zurückgekehrt, um hier direkt an der finnisch-russischen Grenze nahe Vartius Braunbären zu fotografieren. Ari, der zuvor ein Naturtourismusprojekt in Kainu leitete, kaufte 1999 kurzentschlossen den ehemaligen Grenzposten, an dessen Bau im Jahr 1957/58 bereits sein Vater beteiligt war, und baute das Areal in mühevoller Arbeit zu einer Lodge aus. Da er es liebte, draußen in der Natur zu sein, und Braunbären schon immer Teil seines Lebens waren – sein Vater und sein Großvater waren Bärenjäger –, nutzte er die Chance und machte sich selbstständig.

Bären gab es schon immer an der Grenze zwischen Finnland und Russland. Etwa tausend der majestätischen Tiere leben noch in den dunklen Wäldern Finnlands. Die meisten halten sich hier im finnisch-russischen Grenzgebiet auf, sind also echte Grenzgänger und pendeln zwischen den beiden Ländern hin und her. Ari erkannte das Potenzial der Gegend und baute neben der Lodge zunächst drei Ansitzhütten, vor denen er Futterstellen einrichtete, um die Tiere anzulocken. Denn auch hier, wo die Bärendichte am höchsten ist, wären die Tiere nie zu sehen, würden sie nicht mit Nahrung angelockt.

Links: Anfang April reiste ich nach Finnland, um Braunbären im Schnee zu fotografieren. Ein Vorhaben, das sich als schwieriger erwies, als ich mir anfangs vorstellte: Der erste Bär zeigte sich erst nach sechs Tagen.

Kamen Ende der 1990er-Jahre etwa fünf bis zehn verschiedene Bären zu den Futterstellen, so sind es heute zwischen 20 und 30 Tiere. Trotz Aris Bemühungen ist für Fotografen hier alles schwieriger als beispielsweise in Nordamerika. Während man in Alaska zu bestimmten Zeiten, üblicherweise im Hochsommer, nur an die bekannten Hotspots reisen muss, um an einem einzigen Tag hundert gute Bärenbilder zu bekommen, verhält es sich in Finnland ganz anders. Hier muss man mit Ködern arbeiten und braucht viel Geduld. Meist dauern die Begegnungen dann nur wenige Minuten. Auch jagen die finnischen Bären keinen Lachsen hinterher, diese spektakulären Aufnahmen sind hier also nicht möglich. In Finnland schleichen die Bären zum ausgelegten Futter, fressen so schnell wie möglich und sind dann gleich wieder verschwunden. Die Landschaft ist ebenfalls deutlich weniger aufsehenerregend als in Kanada oder Alaska: Statt Bergen und Gletschern gibt es hier nur ausgedehnte Wälder.

Bei manchen Puristen unter den Tierfotografen schrillen die Alarmglocken, wenn sie hören, dass die Tiere im Wild Brown Bear Center angefüttert werden: Dies zerstöre das natürliche Gleichgewicht. Das stimmt zwar ansatzweise, ist aus meiner Sicht als Kompromiss aber vertretbar. Denn Aris Anfütterungssystem ist mit Bedacht aufgebaut. Die Köder decken den Nahrungsbedarf der Tiere nicht, sie sind nur kleine Leckerbissen, und außerdem kommt nur der Bär, der wirklich als Erster auftaucht, in den Genuss der Leckerei. Die Bären sind also gezwungen, in der Wildnis weiter auf Nahrungssuche zu gehen. Dennoch sollte man sich bewusst sein, dass hier in das natürliche System eingegriffen wird, und jeder muss für sich selbst entscheiden, ob er dies für vertretbar hält. Aus meiner Sicht hat Ari ein perfektes System entwickelt, das es vielen

Diese Doppelseite: Für mich ging ein lang gehegter Traum in Erfüllung: Am frühen Abend des sechsten Tages erschien ein riesengroßer, wunderschöner Braunbär vor meinem Beobachtungsposten. Es hatte kurz vorher noch geschneit, die Landschaft war weiß überzogen. Bären halten fast fünf Monate Winterschlaf. Sie verschwinden Ende Oktober in ihrem Unterschlupf, meist einer Höhle im Fels oder einem Erdloch im Wald, und kommen erst Ende März/Anfang April wieder hervor.

Tier- und Naturliebhabern ermöglicht, Bären in der freien Wildbahn, in ihrem Lebensraum, zu erleben und zu fotografieren, ohne zu stark in den natürlichen Kreislauf einzugreifen. Wer schon mal in Alaska an einem der Hotspots Bären fotografiert und die unzähligen Starts und Landungen der Wasserflugzeuge miterlebt hat, der wird sich sowieso fragen, welcher Eingriff der Schwerwiegendere ist.

Ari hat viele Stammkunden: Fotografen und Bärenbegeisterte, die fast jedes Jahr wiederkommen. Er versucht, seine Gäste mit so viel Komfort wie nötig zu versorgen. Die Lodge steht mitten im Wald direkt an einem großen See – Finnland pur – und bietet Übernachtungsmöglichkeiten, einen gemütlichen Frühstücks- und Aufenthaltsraum und sogar ein Auditorium, in dem Seminare und Vorträge gehalten werden können. Wer will, kann sich nach einer kalten Nacht in der originalen finnischen Kräutersauna aufwärmen. Ari ist ständig dabei, etwas zu verbessern. Er schreinert neue Hütten, verlegt neue Holzwege. Insgesamt gibt es heute 26 Ansitzhütten in dem Wald- und Sumpfgebiet rund um die Lodge. Manche stehen einsam mitten im Wald, andere direkt am Ufer kleiner Seen. Alle sind etwa 15 bis 20 Minuten von der Lodge entfernt und bequem zu Fuß zu erreichen.

Die kleinen Holzhütten, »Hides« (Verstecke) genannt, in denen man nur mit eingezogenem Kopf stehen kann, sind mit Stühlen und einem Stockbett mit zwei Schlafplätzen ausgestattet. Nach vorne geben zwei kleine Schlitze die Sicht auf die Umgebung frei. Natürlich hat Ari die Hütten fotografenfreundlich gebaut. So gibt es nicht nur Sehschlitze, sondern auch große Öffnungen für die Kameras samt Objektiven. Die Hütten werden gegen 17 Uhr bezogen. Dann heißt es dort ausharren und leise sein – 14 Stunden lang bis zum nächsten Morgen um 7 Uhr. Die Bären tauchen immer erst abends oder am späten Nachmittag an den Futterplätzen auf. Im Sommer ist dann Durchhaltevermögen gefragt. Es wird nicht wirklich dunkel, sodass man in der warmen Jahreszeit die ganze Nacht auf dem Beobachtungsposten verbringt. An Schlaf ist zwischen Juni und Anfang August fast nicht zu denken. Zu groß ist die Gefahr, ein Tier zu verpassen. Nach 14 Stunden im Hide ist man in der Früh jedes Mal erleichtert, das enge Versteck wieder verlassen zu können. Das Schönste sind die Geschichten, die man sich beim anschließenden gemeinsamen Frühstück in der Lodge erzählt: Ob nun von vier verschiedenen Bären und einem Vielfraß berichtet wird oder nur ein Fuchs und ein paar Raben gesichtet wurden – ich habe schon Begeisterungsstürme, aber auch totale Enttäuschung bei meinen Mitstreitern und mir selbst erlebt. Um mit hundertpro-

zentiger Sicherheit Bären zu sehen, sollte man mindestens drei bis vier Nächte in den Verstecken verbringen. Denn trotz Anfütterung sind die Tiere wild, machen, was sie wollen, kommen und gehen, wann sie es als richtig empfinden.

Bei einem Aufenthalt im Mai habe ich einmal sieben Tage ohne Erfolg in den Hütten verbracht. Die Tiere hatten einfach anderswo eine bessere Nahrungsquelle.

AUS EINEM TAG WIRD EINE WOCHE

Eigentlich bin ich nur auf der Durchreise. Ich will in die Finnmark im äußersten Nordosten Norwegens. Eine Nacht wollte ich bei Ari verbringen – einem alten Freund Grüß Gott sagen und mit etwas Glück ein paar Bären beobachten. Ich mag den Herbst sehr gerne. Auch zu dieser Jahreszeit geht man um 16 Uhr in die Verstecke und kommt am nächsten Tag gegen 7 Uhr wieder heraus. Die Mücken sind nach dem ersten Nachtfrost bereits verschwunden. Es ist auch nicht mehr nötig, die ganze Nacht wachzubleiben, da die Sonne gegen 20 Uhr unter- und erst gegen 5 Uhr morgens wieder aufgeht. Es bleibt also Zeit zum Schlafen.

Nach einem ausgiebigen Abendessen in der Lodge laufe ich entspannt zu meinem Versteck, Hütte Nr. 21, das wunderschön an einem kleinen See in Sichtweite der russischen Grenze liegt. Ich mache es mir gemütlich, baue mein Fotoequipment auf und will mich gerade auf einen meditativen Abend einstellen, da raschelt es im Gebüsch, und urplötzlich steht ein wunderschöner, kaffeebrauner Bär in meinem Blickfeld. Er kommt von hinten aus dem Wald, sodass ich ihn erst sehen kann, als er unmittelbar vor mir

Links: Mitte Mai ist der letzte Schnee verschwunden und die Bären werden zunehmend aktiv. Nach dem langen Winterschlaf müssen sie an Gewicht zulegen, und zudem beginnt in knapp zwei Wochen die Paarungszeit.

steht. Er wirkt kein bisschen nervös, läuft zielgenau zu den kleinen Holzkisten und räubert sie eine nach der anderen aus. Um die Köder zu erreichen – von Ari perfekt platziert –, muss der Bär einmal um den kleinen See herumspazieren, was mir grandiose Fotos ermöglicht. Er spiegelt sich im kleinen See. Es ist der schönste Bär, den ich jemals gesehen habe, ein echter Teddybär, mit vollendet geformtem Kopf, langen Ohren und einem perfekt gefärbten Fell in hellem Braun, das nach vorne in fast weiße Partien übergeht, als wäre er in einen Sahnebecher gefallen. Auch sein Verhalten unterscheidet ihn von vielen anderen Bären. Er ist neugierig, unbedarft, lässt sich extrem leicht von den Raben und Nebelkrähen ablenken, die ebenfalls um die Futterplätze kreisen. Spielerisch stapft er mal gemütlich am See entlang, dann spurtet er mit hoher Geschwindigkeit über die kleine Lichtung. Er ist noch relativ jung, circa drei Jahre, und wahrscheinlich das erste Jahr allein unterwegs, sprich ohne seine Mutter. Er kommt am Abend noch weitere drei Mal vorbei.

Gegen 22 Uhr, ich habe meine Fotoausrüstung schon weggepackt, taucht er wieder auf. Es ist dämmrig, aber bereits zu wenig Licht zum Fotografieren. Der Bär setzt sich direkt vor meine Hütte und beginnt, seinen Rücken an einem kleinen Baum zu schrubben. Unfassbar: Da sitzt ein Bär nur wenige Meter von mir entfernt unter einem Baum und kratzt sich mehrere Minuten mit Hingabe seinen Rücken. Dann stellt er sich auf, schaut sich um und trottet davon.

Ich hoffe, er überlebt die nächsten Jahre. Ein Bär wie dieser, der so unbedarft durchs Leben stapft, lebt in größter Gefahr. Leider dürfen Bären auch in Finnland immer noch gejagt werden. Die toten Tiere stehen dann als Trophäen in irgendeinem Hinterzimmer. Das allgemeine Bewusstsein, dass die Tiere geschützt werden müssen, steigt allerdings mit den Bewunderern der Bären in freier

Unten: Der Blick aus meiner Ansitzhütte, Anfang Juli, gegen 23 Uhr.
Viele Beobachtungsposten in Aris Bären-Center stehen an kleinen Waldseen. Zu dieser Jahreszeit sind dort nicht nur Bären, sondern auch Tausende von Stechmücken garantiert.

Links: Ein junger Braunbär im Licht der Abendsonne – die Bären lieben die Dämmerung. Wer Aris Bären im Hochsommer beobachten will, der muss mit wenig Schlaf auskommen. Die Sonne geht gegen 23 Uhr unter und gegen 2 Uhr morgens wieder auf.

Wildbahn. Allein deswegen ist Aris Wild Brown Bear Center an diesem abgelegenen Platz an der finnisch-russischen Grenze einen Besuch wert. Am nächsten Tag erzähle ich Magnus, einem befreundeten Guide, der kleine Gruppen von Bärenfans hierher führt, von meinem Erlebnis. Er kennt den Bären schon seit Beginn der Saison und hat ihn wegen seiner ungewöhnlichen Fellfarbe Cappuccino getauft.

Ich entschließe mich, noch etwas zu bleiben, und am Ende werden aus einer geplanten Nacht acht. Ich kann mich ganz einfach nicht trennen. Die Bären tauchen diesen September schon kurz nach 17 Uhr auf, was ungewöhnlich ist, für Fotografen aber natürlich ein großer Vorteil, da noch richtig viel Licht bleibt. Ich beobachte insgesamt acht verschiedene Bären an den Futterstellen, darunter eine Mutter mit zwei Jungen, eines davon ist fast weiß.

Nach acht Tagen muss ich weiter. Es fällt mir schwer, diesen wunderbaren Platz zu verlassen, aber ich habe alle Bilder für das Buch zusammen. Auf der Fahrt gen Norden kommen die Erinnerungen zurück: meine erste Tour im Mai 2010, als ich keinen einzigen Bären sah, dann im September 2010 die Bärin Tatjana mit ihren vier Jungen, die Moskitos im Sommer 2015 und schließlich Cappuccino in diesem Herbst … Ich habe die Bären in allen drei »Bärenjahreszeiten« vor die Linse bekommen. Insgesamt verbrachte ich für dieses Projekt 48 Tage in den Verstecken. Ich möchte keinen Tag missen, auch die nicht, an denen nichts passiert ist. Das Warten ist spannend und beruhigend zugleich. Und es gibt nichts Schöneres, als den König der Wälder in freier Natur zu beobachten. Ich werde wiederkommen, keine Frage.

Diese Doppelseite: Sehenswerte Aufnahmen von Bären in Finnland zu machen ist schwieriger als in Kanada oder Alaska – die spektakulären Landschaften fehlen, stattdessen Wald, so weit das Auge reicht. Zudem zeigen sich die Bären hier meist nur kurz, manchmal nur wenige Sekunden – der Fotograf muss schnell reagieren.

Rechts: Bären lieben die Dämmerung, was für Fotografen einige Schwierigkeiten birgt: Oft ist es zu dunkel, um scharfe Aufnahmen zu machen. Dieser Bär richtete sich im stockdunklen Wald urplötzlich auf – gerade genug Zeit, um drei Bilder zu schießen.

Unten: Ohne die Möglichkeiten der digitalen Fotografie wären viele dieser Aufnahmen undenkbar. Dieses Bild entstand spätabends mit einer Verschlusszeit von 1/20 Sekunden bei 3200 ASA.

Diese Doppelseite: Für mich ein absolutes Highlight: ein Vielfraß, Geist des Waldes, in unmittelbarer Nähe meiner Ansitzhütte. Der Vielfraß gehört zur Familie der Marder und ist eine der größten Marderarten. Das Gebiet rund um das Wild Brown Bear Center ist wahrscheinlich weltweit eines der besten, um diesen scheuen Bewohner der nordischen Wälder vor die Linse zu bekommen.

Diese Doppelseite: Zwischen Bär und Ansitzhütte liegen oft nur wenige Meter. Die Tiere nähern sich immer sehr langsam und vorsichtig den Futterstellen und scannen dabei mehrfach die Umgebung. Jetzt ist es wichtig, keinen Lärm zu machen.

Folgende Doppelseite: Ein großer Braunbär pirscht sich an die Futterstelle heran. Das Bild entstand mitten in einer Sommernacht. Nur dank des Restlichts auf der Oberfläche des Sees im Hintergrund war das Fotografieren in der Dunkelheit überhaupt möglich.

Vorhergehende Doppelseite: Der Blick aus meiner Ansitzhütte im Herbst. Die Nächte sind schon kalt, Nebel hat sich frühmorgens über die Landschaft gelegt. Was hätte ich dafür gegeben, wenn in diese grandiose Stimmung ein Bär gelaufen wäre!

Diese Doppelseite: September 2016: der große Auftritt von Cappuccino. Ein befreundeter Guide hat diesen beeindruckenden Bären aufgrund seiner besonderen Fellfärbung so benannt – sicherlich der schönste Bär, den ich jemals vor die Linse bekommen habe.

Diese Doppelseite: Große Show eines außergewöhnlichen Bären: Während die meisten anderen die Futterstelle so schnell wie möglich verlassen, genoss Cappuccino seinen Auftritt, blieb bis zu einer halben Stunde, legte sich hin, tollte herum, jagte Vögel …

Links: Cappuccino nähert sich mir auf knapp einen Meter, sodass ich ihn mit 70 Millimetern Brennweite aus einer bodennahen Luke fotografieren konnte. Ein wilder Braunbär hautnah – das geht nur im Schutz der Hütte.

Unten: Mein zweites Bären-Lieblingsbild: Cappuccino auf dem Weg zum Futterplatz. Um an den Holzkasten zu gelangen, muss er den See umrunden, was mir wunderbare Bilder des sich im See spiegelnden Bären bescherte.

Diese Doppelseite: Diese Bilder zeigen eine ganz besondere Bärin namens Tatjana mit ihren vier (!) Jungen. Die meisten Bärinnen bekommen zwei, einige auch drei Junge. Tatjana brachte hingegen zweimal hintereinander vier kleine Bären auf die Welt. Sie kam jeden Abend bei Einbruch der Dämmerung an die Futterstellen, immer überaus vorsichtig – nicht ohne Grund. Braunbärenmütter müssen sich vor großen Männchen in Acht nehmen, die eine erhebliche Gefahr für ihren Nachwuchs darstellen: Sie töten die Jungen, damit die Bärin wieder paarungsbereit ist.

DIE NENZEN UND DAS ÖL

Vorhergehende Doppelseite: Die Nenzen nutzen den Schlitten als Transportmittel, und dies selbst im Sommer, wenn aller Schnee geschmolzen ist.

Unten: Ein gerade geborenes Rentierkalb, das seine Mutter verloren hat, wird liebevoll mit der Flasche großgezogen und anschließend wieder in die Herde entlassen.

Rechts: Eine lange Holzstange lenkt die Rentiere in die gewünschte Richtung. Die hölzernen Schlitten sind knapp drei Meter lang und können bis zu 150 Kilogramm an Lasten tragen.

Langsam senkt sich das Flugzeug. Ich erkenne die Konturen eines Städtchens, umrahmt von Flüssen, Tundra und kleinen Waldgebieten. Das Flugzeug setzt auf. Wir sind angekommen, angekommen in Narjan-Mar in Nordwestrussland, der Hauptstadt des autonomen Kreises der Nenzen. Wir, das sind Thomas Henningsen von Greenpeace Deutschland, Andrey Petrov von Greenpeace Russland und ich. Die Stadt mit 21 000 Einwohnern soll nur Zwischenstation sein. Wir wollen hinaus in die Tundra, das indigene Volk der Nenzen besuchen und ihre Lebensweise dokumentieren.

Die Nenzen sind, ähnlich wie die Samen in Skandinavien, Rentiernomaden. Knapp 41 000 dieser Ureinwohner siedeln heute im europäischen Teil Russlands und im Nordwesten Sibiriens, verstreut auf drei autonome Kreise. Knapp 20 Prozent ziehen auch heute noch halbnomadisch als Rentierzüchter durchs Land. Sie haben ihre ganz besondere Lebensweise bewahrt, die vor allem von den großen Rentierherden bestimmt ist. Besonders auf Jamal, einer 115 000 Quadratkilometer großen Halbinsel, die weit in die Karasee hineinragt, sind noch viele Familien von der Rentierhaltung abhängig. Im Winter geht es nach Süden, wo der Wald den Nenzen und ihren Tieren Schutz vor den eisigen Winden der Ebene bietet. Im Frühling zieht es Mensch und Tier in die Mitte der Halbinsel – ein geeigneter Ort für die Kinderstube, wenn die Rentiere ihren Nachwuchs bekommen. Den Sommer verbringen die Tiere an der Küste, die den Vorteil hat, dass der Wind die lästigen Mückenschwärme verjagt. Wie viele indigene Völker sehen sich auch die Nenzen heute mit extremen Herausforderungen konfrontiert. Zum einen macht ihnen der Klimawandel zu schaffen. Wie für alle Rentiere des hohen Nordens bedeuten die Wärmeeinbrüche im Winter, dass eine Eisschicht sich über die nährende Bodenschicht legt, die es den Tieren unmöglich macht, zu ihrer Nahrung durchzudringen. Die Folge: Die Rentiere verhungern. Darüber hinaus führen die höheren Temperaturen zu einem früheren Auftauen der Tundraböden, was das Vorankommen für die Tiere extrem beschwerlich macht und viel Kraft kostet. Viele Tiere überleben die langen Wanderungen nicht.

Sind die Folgen des Klimawandels nicht schon schlimm genug, so werden Tiere und Menschen in zunehmendem Maße auch hier von der Erdöl- und Erdgasindustrie bedrängt. Auf der Halbinsel Jamal sowie in der autonomen Provinz der Nenzen rund um Narjan-Mar werden schon seit Jahren Erdöl und Erdgas gefördert, und die Ausbeutung soll noch weiter ausgedehnt werden. Staats-

präsident Wladimir Putin äußerte vor Kurzem, dass insbesondere die Halbinsel Jamal eine Schlüsselregion für die Erschließung fossiler Brennstoffe in Russland sei. Hier lagern enorme Öl- und Gasreserven. Für die Nenzen bedeutet die radikale Ausbeutung der Bodenschätze in diesem Gebiet das Todesurteil für ihre traditionelle Lebensweise. Die nomadisch lebenden Nenzen und ihre Rentierherden sind auf ein intaktes Ökosystem angewiesen. Die Tiere brauchen saubere Böden und sauberes Wasser, aber leckende Ölpipelines sind in Russlands Arktis ein bekanntes und nicht behobenes Problem. Darüber hinaus bilden die Pipelines, die auf dem Permafrostboden oberirdisch verlegt werden müssen, unüberwindbare Hindernisse für die natürlichen Wanderungen der Rentiere. Auch der Bau der Pipelines sowie der riesigen Förderanlagen beschädigt die Tundra irreversibel, insbesondere gefährdet ist das äußerst sensible Tundramoos, die wichtigste Nahrungsquelle der Rentiere. Die Regeneration der beschädigten Flächen ist ein langwieriger Prozess mit vagen Erfolgsaussichten. Waldtundra wächst – ähnlich wie Regenwald – auf einer hauchdünnen Schicht. So hinterlässt ein durch den Wald fahrender Geländewagen Zerstörungen, deren Regeneration an die hundert Jahre dauern kann. Allein die Raupenfahrzeuge einer einzigen Probebohrung haben auf der Jamal-Halbinsel 40000 Hektar Rentierweide unwiederbringlich in Wüste verwandelt.

Auch die 2011 fertiggestellte Eisenbahnlinie zwischen Obskaja und Bowanenkowo, die die wichtigsten Gasfelder miteinander verbindet, hat katastrophale Folgen für die Rentiere und ihre Hirten. Bis zu acht Erdgasleitungen folgen heute der Eisenbahnstrecke. Sie münden im Süden oder in der Barents-Region in andere Pipelines.

Little
captain

Links: Der kleine Egor ruht sich auf ein paar Rentierfellen von der langen Fahrt durch die Tundra aus. Noch kann er ungestört mit seiner Familie umherziehen, in ein paar Jahren aber wird er sie verlassen müssen – die Schule ruft.

So findet das Gas seinen Weg von der Jamal-Halbinsel nach Westeuropa. Aber: Die von den Pipelines flankierte Eisenbahnstrecke trennt die Winterweiden der Rentiere von ihren Sommerweiden. Der Bau dieser Ungetüme hat Weidegrund beschädigt und den Zug der Rentiere über die Halbinsel unterbunden. Und das alles, um einen fossilen Brennstoff zu fördern, der längst der Vergangenheit angehören sollte, während man wohl weiß, dass die Zukunft in Zeiten des Klimawandels in den erneuerbaren Energien liegen müsste.

Leider ist auch Deutschland indirekt an der Ausbeutung der Gas- und Ölfelder beteiligt. 2011 wurde die Ostseepipeline eingeweiht, die Gas aus den Feldern in Jamal bezieht. Eigentümer und Betreiber dieser Pipeline ist die Nord Stream AG mit Sitz in der Schweiz, deren Anteile zu 51 Prozent Gazprom, zu je 15,5 Prozent den deutschen Unternehmen Wintershall, einer Tochtergesellschaft der BASF, und E.ON sowie zu je neun Prozent der niederländischen Nederlandse Gasunie und der französischen Gesellschaft Engie gehören. Altkanzler Gerhard Schröder, der schon seit 2006 den Vorsitz des Aufsichtsrates der Nord Stream AG innehat, leitet nun auch den Verwaltungsrat von Nord Stream 2. Dieses Unternehmen gehört zu dem russischen Energiekonzern Gazprom, dem größten Umweltsünder im Norden Russlands, und es arbeitet daran, die russische Erdgasleitung bis nach Deutschland zu führen. Alles hängt mit allem zusammen.

Ein Grund mehr, das Leben der Nenzen jetzt zu dokumentieren und damit eine Lebensweise, die in ein paar Jahren wahrscheinlich der Vergangenheit angehören wird.

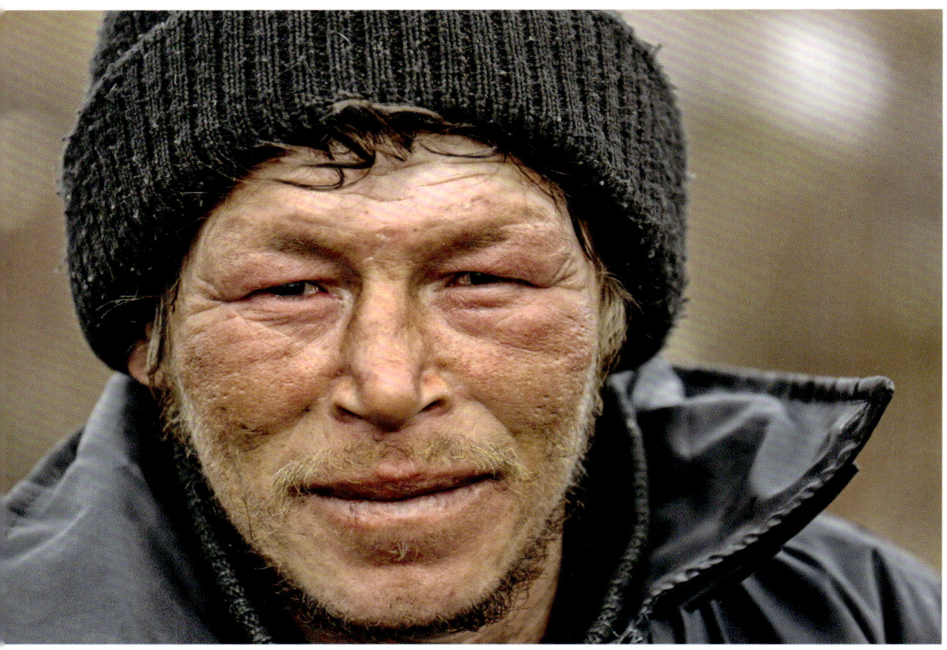

Diese Doppelseite: Von Wind und Wetter der nordischen Tundra gegerbte Gesichter. Knapp 41 000 Nenzen leben heute im europäischen Teil Russlands und im Nordwesten Sibiriens, etwa ein Fünftel von ihnen als halbnomadische Rentierzüchter.

Unten: Die Rentierhirten beraten, welche Tiere vor den Schlitten gespannt werden sollen. Sie separieren die ausgewählten mithilfe von Lassos von der Herde und spannen sie, meist in Vierergruppen, vor die Schlitten.

Rechts oben: Das Leben in der Tundra ist beschwerlich. Alles, was für uns selbstverständlich ist, muss in der Tundra hart erarbeitet werden: Will man es warm haben, so muss zunächst Holz gesägt werden.

Rechts unten: Die Familie errichtet ihr Lager, das Chum, das bis zu zwölf Personen Unterkunft bietet. Im Zelt wird geruht, geschlafen, gekocht, gegessen – und es ist innerhalb von nur einer Stunde aufgebaut.

MIT DEN NENZEN IN DER TUNDRA

Ein lokaler Guide berichtet uns von einer Gruppe von Nenzen, die sich zurzeit etwa zwei Stunden westlich von Narjan-Mar aufhält. Mit einem geländefähigen Fahrzeug machen wir uns auf die Suche. Nach Stunden sehen wir sie endlich: eine Handvoll Menschen mit ein paar Rentieren und Schlitten, vollgepackt mit allem, was man zum Leben braucht.

Als sie uns entdecken, stoppt der Zug, und die Familie, Vater, Mutter, vier Söhne und ein Enkelkind, begrüßt uns zurückhaltend, aber doch herzlich. Wir fragen, ob wir sie ein paar Tage begleiten können, und sie stimmen zu. Sie wollten sowieso drei oder vier Tage rasten und die Rentiere weiden lassen. Sie laden uns zum Essen ein. Noch steht keines der Chums, der traditionellen Zelte. Aber der Aufbau geht erstaunlich schnell, jeder packt mit an.

Ich beginne zu fotografieren. Es ist ein Drahtseilakt: Einerseits ist es meine Aufgabe, Fotos zu machen, andererseits möchte ich den Menschen nicht zu nahetreten – ich kenne sie ja kaum. Schweren Herzens beschließe ich, die Kamera erst einmal wieder einzupacken.

Die Zelte sind aus 30 bis 40 Stangen konstruiert, auf denen in der kalten Jahreszeit zwei Lagen Rentierfell liegen, im Sommer hingegen weichgekochte Birkenrinde. Die Ausstattung ist einfach: Ein stählerner Bollerofen in der Mitte des Zeltes dient als Heizung, ein Loch im Dach als Rauchabzug, über dem Feuer hängt ein Topf an metallenen Stangen. Gegenüber dem Eingang befindet sich die gesamte Haushaltsausstattung. Nach knapp einer Stunde sitzen wir alle in einem wohlig warmen Zelt, trinken köstlichen Tee und essen Brot und Rentierfleisch. Ohne Andrey, unseren russischen Guide, wären wir allerdings verloren, denn keiner der Nenzen spricht auch nur ein Wort Englisch. Wir werden für den nächsten Tag eingeladen, auf die Rentierweiden mitzufahren. Jetzt, Ende April, kommen die Jungen zur Welt – mit ein wenig Glück können wir live dabei sein.

Wir treffen uns am nächsten Tag früh am Morgen. Alle sind schon wach. Die Jungs sind gerade dabei, einige Rentiere auszusondern, die sie als Zugtiere für die Schlitten brauchen. Sie treiben die Tiere in ein kleines Gatter, fangen sie mit dem Lasso und spannen sie fächerartig vor die Schlitten. Das Leittier wird ganz links angespannt, wo auch der Fahrer sitzt. Die Tundra ist jetzt noch weitgehend schneebedeckt, aber auch im Sommer bewegen sich die Nenzen in den rutschigen Moorgebieten mit Schlitten fort.

SUMATRA 4
SUMATRA

Links oben: Ein schwerer gusseiserner Ofen, der in der Mitte des Zelts steht, dient als Heizung und Kochstelle. Über ein langes Rohr entweicht der Rauch des Feuers nach draußen.

Links unten: Die dicken Felle der Rentiere dienen als Schlafstelle und im Winter als Kleidung sowie zur Isolierung der Zelte. Dies ist nötig, denn in der kalten Jahreszeit können die Temperaturen auf unter minus 40 Grad absinken.

Unten: Valentina sitzt am heißen Ofen und bereitet Tee zu. Die Arbeitsteilung zwischen Mann und Frau ist bei den Nenzen klar geregelt: Die Männer sind für die Rentiere zuständig, die Frauen kümmern sich um den Rest.

Eine Stunde später sitzen Thomas, Andrey und ich auf den bequem mit Rentierfellen ausgelegten Schlitten und gleiten über die Tundra. Nach einer halben Stunde erreichen wir die große Rentierherde. Der Anblick ist gigantisch. Es dürften mehrere Hundert Tiere sein, darunter auch sehr junge, die erst in den letzten Tagen auf die Welt gekommen sind. Ich zücke meine Kamera und fange sofort an zu fotografieren.

EIN NEUES LEBEN

Da fällt mir eine Rentierkuh auf, die ein wenig abseits steht. Plötzlich sehe ich den Kopf eines Kalbes – die Geburt ist im vollen Gange. Schon rutscht das Kalb auf den Boden. Für das Junge ist es überlebensnotwendig, sofort aufzustehen, was ihm auch sehr bald gelingt. Auf wackligen Beinen richtet es sich auf, fällt aber dauernd wieder hin. Die Mutter nimmt es zwischen ihre Beine und schleckt es liebevoll von oben bis unten ab. Erst jetzt merke ich, dass ich – gebannt von der Geburt neuen Lebens – das Fotografieren völlig vergessen habe. Ich greife zur Kamera und schieße ein paar Bilder. Ich will nicht so lange bleiben, befürchte, die junge Familie zu stören.

Auch meine Begleiter sind fasziniert, obwohl sie ein solches Schauspiel sicherlich schon oft miterleben durften. Wie lange die Geburt insgesamt gedauert hat, kann ich im Nachhinein gar nicht mehr sagen – das Erlebnis hat mich so beeindruckt, dass mir das Zeitgefühl abhandengekommen ist. Nach knapp zwei Stunden bei der Herde besteigen wir unsere Schlitten und gleiten zurück zum Lager. Am Abend sitzen alle um einen großen Tisch, essen, lachen, trinken Tee.

Die Zeit scheint hier stehengeblieben zu sein. Die Menschen sind glücklich mit ihrem Leben in der Tundra. Ich teile ihr Glück, frage mich aber auch, wie lange es für sie noch möglich sein wird, so zu leben. Klimawandel, Öl- und Gasförderungen setzen sie massiv unter Druck. Ich spüre die Verantwortung, diese Menschen und ihre Lebenswelt zu schützen. Wir müssen der Welt zeigen, dass es Menschen gibt, die durch unseren Hunger nach fossilen Brennstoffen in Not geraten, ihre traditionelle Lebensweise verlieren.

Wir verbringen noch einen Tag bei der Familie. Dann müssen sie weiter, neue Weideflächen erkunden, und wir zurück nach Narjan-Mar und weiter zu den Ölfeldern. Wir wollen dokumentieren, was dort oben passiert, um der Welt auch diesen Wahnsinn vor Augen zu führen.

Diese Doppelseite: Die Geburt eines Rentieres: Nach einer Tragezeit von 230 Tagen bringt das Weibchen im Mai oder Juni ein Junges zur Welt. Die Kälber können bereits eine Stunde, nachdem sie auf die Welt gekommen sind, laufen. Das ist wichtig, ist die Herde doch ständig in Bewegung, immer auf der Suche nach den besten Weideplätzen. Die Hauptfeinde junger Rentiere sind Wölfe, Bären und Vielfraße, aber auch nasskalte Witterung macht den Kälbern stark zu schaffen.

Unten: Öl und Gas schlummern unter dem Permafrostboden im Siedlungsgebiet der Nenzen. Die immer intensiver betriebene Förderung der Bodenschätze bedroht ihre traditionelle Lebensweise, leckende Pipelines verseuchen die Tundra.

ARKTIS IN GEFAHR

Das Jahr 2016 war weltweit das wärmste Jahr seit der Temperaturaufzeichnung, und auch 2015 und in den Vorjahren gab es bereits ähnliche traurige Temperaturrekorde. Besonders betroffen von diesem Effekt des menschengemachten Klimawandels ist der Norden. Ich reise nun seit über 20 Jahren in arktische Regionen und erlebe stetig Veränderungen – aber in den letzten fünf bis zehn Jahren ist die Entwicklung explodiert: Die Arktis, diese grandiose letzte Wildnis, steht auf der Kippe. Während die Temperatur weltweit im Durchschnitt knapp 0,9 Grad Celsius zugelegt hat (im Vergleich zum vorindustriellen Zeitalter), stieg im selben Zeitraum die Temperatur in der Arktis um mehr als das Doppelte. Der hohe Norden ist also um ein Vielfaches mehr vom Klimawandel betroffen. Dies liegt vor allem am sogenannten Eis-Albedo-Rückkoppelungseffekt: Die wärmeren Temperaturen führen zu einem verstärkten Abschmelzen des Packeises und der Gletscher der Arktis. Unter dem Packeis wartet eine dunkle Meeresoberfläche, die die Sonnenstrahlen nicht mehr reflektiert, sondern absorbiert, also aufnimmt, mit der Folge, dass die Oberfläche noch wärmer wird. Ein galoppierender Effekt kommt in Gang.

Aber das ist nicht alles. Denn die immer wärmeren Temperaturen lassen nicht nur das Eis der Meere und der Gletscher schmelzen, auch der Permafrostboden taut auf, also die Bereiche des Bodens, die üblicherweise das ganze Jahr über gefroren sind – eine Schicht von bis zu tausend Metern Tiefe. In den Permafrostböden der Arktis sind über tausend Milliarden Tonnen Kohlenstoff gespeichert, das ist mehr als das, was in Deutschland in über tausend Jahren produziert wurde. Wenn das Eis schmilzt, werden diese gigantischen Mengen freigesetzt, und zwar in Form von klimaschädlichen Gasen wie Kohlendioxid und insbesondere Methan. Dies wird den Klimawandel massiv vorantreiben und wahrscheinlich unumkehrbar machen.

Die Erwärmung der Arktis hat dramatische Folgen für die Region und ihre Bewohner. Der Eisbär, der König der Arktis, ist in naher Zukunft vom Aussterben bedroht, wenn das Packeis, sein hauptsächlicher Lebensraum, weiter zurückgeht. Aber nicht nur Eisbären leiden unter den immer höheren Temperaturen, auch Karibus und Moschusochsen sind betroffen. Aufgrund von Wärmeeinbrüchen im Winter bildet sich eine Eisschicht über dem Tundraboden, sodass die Tiere nicht an ihre Nahrung gelangen können – der Hungertod droht. Im Sommer drängen Moskitos, die sich dank wärmerer Temperaturen und hoher Feuchtigkeit immer stärker ausbreiten, die Karibus in höhere Regionen mit schlechteren Bedingungen ab.

Links: Ölpipelines und -förderanlagen beherrschen das Landschaftsbild am russischen Polarkreis in der Nähe von Ussinsk. Die Industrialisierung der Arktis ist hier in vollem Gange. Überall entstehen neue Pumpstationen und Bohrlöcher.

Unten: Tausende Kilometer Pipelines verändern das einstmals intakte Ökosystem der Arktis dramatisch, insbesondere durch undichte Röhren. Außerdem verstellen die stählernen Ungetüme die Wanderwege der Rentiere und Karibus, wie hier in Nordalaska.

Von den sinkenden Temperaturen angelockte Neuankömmlinge bedrängen auch andere angestammte Tierarten der Arktis. Bestes Beispiel ist der Rotfuchs, der immer weiter in den Norden vordringt. Er ist größer und stärker als der Polarfuchs und verdrängt ihn aus seinem Lebensraum. Immer häufiger dringen auch Orcas in arktische Gewässer vor. Das Packeis verhinderte bislang ihre Ausbreitung in den hohen Norden, aber mit dem Schwinden der Eisflächen erobern diese Räuber sich neue Jagdgebiete. Ihre Beute sind vor allem die arktischen Walarten, Narwal und Beluga. Diese beiden Arten, perfekt an die hocharktischen Bedingungen angepasst, kannten als Feinde bisher lediglich den Menschen und manchmal den Eisbären und sind den Orca-Attacken schutzlos ausgeliefert. Fischarten wie der arktische Dorsch verändern ihre Wanderungsbewegungen, neue Fischarten dringen nach Norden vor und verdrängen die angestammten Arten, was wiederum schwerwiegende Folgen für viele Seevögel hat, die diese Fische als Nahrungsquelle nutzen. Auch die Menschen des hohen Nordens werden sich umstellen müssen – ob sie wollen oder nicht. Die Inuit, die Jäger des Nordens, sind auf Eis angewiesen. Auch sie machen seit Tausenden von Jahren auf dem Packeis Jagd auf Meeressäugetiere wie Robben oder Walrosse. Das Eis ist aber selbst im Winter so brüchig geworden, dass es ihnen oft nicht mehr möglich ist, es mit ihren Schneemobilen oder den traditionellen Hundeschlittengespannen zu befahren. Die Jagd wird dadurch fast unmöglich. Manche Inuit-Gruppen profitieren allerdings auch von den wärmer werdenden Temperaturen, da ihnen nun mehr Zeit zum Fischen bleibt. Ob der Profit durch Ölgewinnung an den Küsten der Arktis tatsächlich einen Gewinn für die indigene Bevölkerung darstellt, ist zweifelhaft. Ein Ölunfall – und alles ist dahin, die Umwelt auf Jahrzehnte zerstört. Hinzu kommt, dass hier Grundrechte der ansässigen Bevölkerung nicht beachtet werden: Sie sollten selbst entscheiden dürfen, wie sie leben möchten. Die Industrieländer, die größten Emittenten von CO_2, sind dafür verantwortlich, dass sich die Lebenswelt der Inuit massiv gewandelt hat. Und nun zwingen sie ihnen ein neues Leben im Schatten der Ölbohrungen auf. Auch die Rentiernomaden Sibiriens sind stark vom Klimawandel betroffen: durch die veränderten Umweltbedingungen (Auftauen des Permafrostbodens und dadurch erschwertes Wandern im Sommer, Mückenplage, Nahrungsmangel im Winter), aber auch aufgrund der vielen Ölpipelines und Ölraffinerien, die überall in der Arktis aus dem Boden schießen und den Tieren ihre Wanderungen erschweren.

Die Arktis verliert ihren Eispanzer und damit ihren Schutzschild. Die Industrie hat schon ihre gierigen Finger nach Norden ausgestreckt: Sowohl an Land wie auch im Meeresboden werden Bodenschätze wie Öl oder Gas in großen Mengen vermutet. Es ist zum einen die allgegenwärtige Gefahr eines Unfalls, die vielen Kopfzerbrechen macht ... Die Arktis ist extrem dünn besiedelt, eine ortsnahe Infrastruktur für Hilfsmaßnahmen gibt es nicht; insbesondere in den Wintermonaten müssten zudem alle Maßnahmen ruhen, bis das Packeis geschmolzen ist. Kein Ölkonzern stellt sich diesen Fragen, und es wird trotzdem munter weitergebohrt.

Zum anderen ist auch die Erschließung und Ausbeutung der Ölfelder selbst eine Katastrophe für die Umwelt im hohen Norden und in der Folge auch für die hier lebenden Tiere und Menschen.

Die empfindlichen Böden der Tundra werden mit schwerem Gerät befahren und dabei zerstört. Leckende Ölleitungen lassen unvorstellbare Mengen an Öl in den arktischen Boden sickern. Es entstehen immer größere Industrieanlagen, die das empfindliche natürliche Gleichgewicht in der polaren Wildnis stören.

Durch den Rückgang des Packeises werden die einstmals undurchdringlichen Meerespassagen wie die Nordost- oder Nordwestpassage im Sommer eisfrei sein. Große Öltanker (und Containerschiffe) werden diese Abkürzungen nutzen. Ein Unfall mit schwerwiegenden Folgen für die Umwelt ist nur eine Frage der Zeit. Es ist heute purer Wahnsinn, einen Rohstoff zu fördern, der für die Zerstörung unseres Klimas verantwortlich ist. Das Öl und Gas sollte im Boden bleiben, anstatt in Form von Abgasen in die Luft geblasen zu werden.

Die packeisfreie Arktis wird große Fischfangflotten in den Norden locken, in ein Gebiet, das seinen Fischbeständen seit Tausenden von Jahren natürlichen Schutz geboten hat. Das Packeis hat Fischfang einfach unmöglich gemacht. Nun steht auch den letzten großen Fischbeständen die Überfischung bevor.

WAS TUN?

Es ist eigentlich sehr einfach, den Klimawandel zu bekämpfen: weniger CO_2 in die Umwelt blasen. Hier ist zum einen die Politik gefragt. Die Industrie, aber auch wir Verbraucher müssen durch Gesetze gezwungen werden, weniger CO_2 auszustoßen. Wenn jeder Einzelne seinen CO_2-Ausstoß um 30 bis 40 Prozent reduziert, wäre schon viel getan. Man denke nur an das Fahren sparsamerer Autos oder an das eigene Fahrverhalten auf der Autobahn (120 statt 180

Links: Die Klimaerwärmung in der Arktis schreitet schneller voran als im Rest der Welt. Der Permafrostboden taut auf, und Dörfer versinken im Schlamm oder werden ins Meer gespült. Hitzewellen vernichten riesige Flächen Waldes.

Unten: Das Packeis verschwindet in atemberaubender Geschwindigkeit. Viele Tiere der Arktis wie zum Beispiel der Eisbär verlieren dadurch ihren natürlichen Lebensraum.

Stundenkilometer). Derjenige, der Lebensmittel aus der Region kauft, die einen Transportweg von vielleicht nur 50 bis 100 Kilometern hinter sich haben, statt 1000 bis 2000 Kilometern, tut viel für das Klima. Mit unserem Konsumverhalten können wir die großen Unternehmen zielgenau in eine Richtung lenken, da sie das produzieren, was wir nachfragen. Fahren wir beispielsweise alle benzinsparende Autos oder gar Elektroautos, dann wird sich die Produktion schnell dorthin verlagern.

Dasselbe gilt für die Politik. Wir alle haben alle vier Jahre die Qual der Wahl und können dadurch mitentscheiden, wer an die Macht gelangt. Ein System, das nur auf Konsum und Wachstum beruht, kann am Ende nur scheitern, da es zu Lasten der Umwelt geht und langfristig die Lebensqualität verringert.

Die Grenzen des Wachstums scheinen erreicht. Die Menschheit steht heute vor der Entscheidung, entweder weiter so und geradezu in den Untergang zu laufen oder endlich aufzuwachen, gegenzusteuern und etwas zu verändern. Unter Wissenschaftlern ist der menschengemachte Klimawandel längst Konsens, man diskutiert über seine Folgen und wie man ihn wirksam bekämpfen kann. Dies ist allerdings in der öffentlichen Debatte anders: Die Wissenschaftler machen sich deutlich mehr Sorgen über den Klimawandel als das Volk und die Politiker – ein Umstand, der Angst macht.

Im Dezember 2016, kurz bevor er aus dem Amt schied, hat US-Präsident Barack Obama zusammen mit seinem kanadischen Amtskollegen Justin Trudeau große Bereiche der arktischen Gewässer, so die Tschuktschensee und die Beaufortsee sowie die Arktisgewässer vor Kanada, für Öl- und Gasbohrungen gesperrt. Ziel ist es, sowohl das ökologische Gleichgewicht dieser Region als auch die Interessen der indigenen Bevölkerung vor Ort zu schützen. Ein Lichtblick! Jetzt heißt es weiter kämpfen für die Arktis und für den Erhalt dieses wunderbaren Planeten.

Der Fotograf James Balog, der über Jahre hinweg das Abschmelzen der Gletscher in der Arktis dokumentierte, antwortete auf die Frage eines Journalisten, warum er sich dieses extrem schwierige Thema zur Aufgabe gemacht habe: »Wenn mich meine Kinder in 10, 20 Jahren fragen, was ich denn gemacht habe, als das Klima noch zu retten war, möchte ich ihnen antworten: alles Mögliche.« Ein ähnliches Anliegen stand auch am Anfang dieses Buches und der vielen Fotos arktischer Welten, die es zeigt: Vielleicht kann ich so ein wenig dazu beitragen, diese wunderbare Welt noch vor der Vernichtung zu retten.

MAKING-OF

Ein Projekt dieses Umfangs, an dem ich über sechs Jahre gearbeitet habe und für das ich über 20 Reisen, oder vielleicht eher Expeditionen, in den hohen Norden unternommen habe, bedeutet eine große Herausforderung hinsichtlich Planung, Logistik, Kostenkalkulation usw. Für mich persönlich bestand die größte Herausforderung allerdings nicht in der Überwindung äußerlicher Probleme, wenn etwa Tiere nicht auftauchten oder sich nicht so verhielten, wie ich es mir vorgestellt hatte, oder wenn das Wetter meine Pläne durchkreuzte, sondern darin, mein Heimweh nach den Bayerischen Alpen in den Griff zu bekommen.

Es mag lustig oder verschroben klingen, aber trotz meiner Faszination für den hohen Norden bin ich noch immer am liebsten zu Hause. Viele Menschen meinen, Fotografen führen ein paradiesisches Leben voller Abenteuer und machen nur das, was ihnen am besten gefällt: reisen und fotografieren. Dem ist natürlich nicht so. Vor jeder Reise verbringe ich unzählige Stunden am Computer, im Internet, am Telefon und zwischen Büchern, um alles perfekt zu planen. Während der Reise darf dann nicht viel schiefgehen, kostet jede Expedition in den Norden doch ein kleines Vermögen. Und schon sind wir bei den Schattenseiten, wenn man Fotos für einen Bildband, einen Vortrag usw. machen möchte, insbesondere wenn das Ziel der abgelegene Norden unserer Welt ist.

Auch ein Fotograf steht wie jeder andere Berufstätige unter ständigem Druck, gute, nein beste Ergebnisse zu erzielen. Wenn ich aufbreche, um in Alaska Eisbären zu fotografieren, dann muss das am besten gleich beim ersten Mal perfekt klappen, da die Reise mehrere Tausend Euro kostet. Dieser Kostendruck steigt, wenn man im hohen Norden arbeitet und oft auf Flugzeuge, Helikopter oder sonstige teure Transportmittel angewiesen ist. Hinzu kommt der Zeitdruck, der natürlich eng mit dem Kostendruck gekoppelt ist. All dies kann dazu führen, dass man keine wirklich gute Arbeit mehr zustande bringt.

Während dieses Langzeitprojektes wollte ich zumindest den Zeitdruck minimieren. Entgegen meinen sonstigen Gepflogenheiten begann ich das Projekt ohne Auftrag eines Verlages oder Magazins. So hatte ich also zumindest anfangs keinen Bildabgabedruck und auch keinen Zeitplan oder festen Endtermin. Daraus ergab sich eine neue Ungebundenheit und die lange ersehnte Freiheit, genau das zu tun, was ich immer wollte: reisen, fotografieren und vor allem den Norden genießen.

War die fotografische Ausbeute einer Reise nicht so gut wie geplant, fuhr ich, sobald es sich ergab, erneut an denselben Ort. Ich zwang mich, nicht ununterbrochen unterwegs zu sein und maximal drei bis vier Trips pro Jahr zu unternehmen. Nur wenn man den nötigen Abstand zum Projekt gewinnt, kann man wieder mit voller Motivation einsteigen.

Keine Reise sollte kürzer als drei bis vier Wochen sein, eher länger, denn mit mehr Zeit vor Ort lassen sich bessere Ergebnisse erzielen. Um

beispielsweise die Bären in Finnland zu dokumentieren, verbrachte ich über 40 Tage in einem engen Tarnversteck, natürlich nicht am Stück, das wäre nicht auszuhalten.

Immer wieder werde ich nach meinen schönsten und schlimmsten Erlebnissen in dieser Zeit gefragt. Ich habe lange darüber nachgedacht, und ich glaube, am meisten beeindruckt haben mich Dinge, die gar nichts mit Fotografie zu tun haben. Am wohlsten habe ich mich zweifellos gefühlt, wenn ich wochenlang durch einsame Wildnisgebiete gestreift bin, in der Früh mit einem Kaffee auf einem Felsen den Sonnenaufgang über den Lofoten genossen habe, die Weite des Nordens erleben durfte, wo kein zivilisatorischer Lärm die Ruhe stört, oder auch wenn ich Tiere beobachtet habe, deren Ziel nur das Überleben ist und die sich nicht um Eitelkeiten oder Macht kümmern. Meine negativsten Erfahrungen hatten hingegen immer mit der Umweltzerstörung zu tun: wenn ich hautnah miterleben musste, wie die Gier nach Öl ganze Landstriche zerstört, wie der Klimawandel den Norden innerhalb weniger Jahre verändert hat. Auf meinen Reisen musste ich auf fast alle Transportmittel zurückgreifen, die es gibt: Ich war mit dem Auto unterwegs, mit dem Flugzeug, dem Helikopter, dem Boot, dem Kajak und natürlich viel zu Fuß. Alle Reisen waren anstrengend, nicht nur körperlich, sondern auch psychisch. Ich hatte bestimmte Bilder im Kopf und war unterwegs, um sie zu finden (auch wenn dann meist alles anders kommt). Klappt das nicht, wird man nervös. Ich musste lernen, zur Ruhe zu kommen, um gute Ergebnisse zu erzielen. Geduld ist sowohl bei der Tier- wie auch bei der Landschaftsfotografie die wichtigste Tugend – und Geduld war noch nie meine Stärke.

Technische Details: In den sechs Jahren, die ich mit diesem Projekt verbracht habe, hat sich die Fototechnik rasant verändert. Als ich 2011 begann, waren Kameras auf dem Markt mit maximal 21 Megapixeln, die ASA-Zahl konnte man auf höchstens 1600 hochschrauben, ohne Gefahr zu laufen, im Bildrauschen unterzugehen. Auf meiner letzten Reise 2017 hatte ich Kameras im Gepäck, deren Sensor 50 Megapixel erreichte (wer's braucht), und die ASA-Einstellungen konnte ich nun auf 6400 hochfahren ohne ersichtliches Bildrauschen.

Während ich 2011 auf meiner ersten Reise nach Ostgrönland nur zwei Kameras und ein paar Objektive dabeihatte (und nur fotografierte), war ich auf meiner letzten Reise 2017 (auch nach Ostgrönland) mit drei verschiedenen Kameraausrüstungen unterwegs: einer zum Fotografieren, einer für das Erstellen von Zeitrafferaufnahmen und einer für das Drehen von Videos.

Die Tierfotografie hat sich mit der neuen Entwicklung revolutioniert. Ich hätte noch eine Drohne dabeihaben sollen, einen Schlitten für bewegte Zeitraffer, ein Unterwassergehäuse … aber besonders auf meiner letzten Reise wurde mir bewusst, dass all der technische Aufwand nur Nebensache ist, oft sogar vom Eigentlichen ablenkt, nämlich sich aufs Motiv zu konzentrieren, zur Ruhe zu kommen, zu komponieren und gute Bilder zu machen. Dabei kommt es nicht primär auf die technische Ausrüstung an, sondern auf die innere Einstellung zum Motiv, zur Landschaft, zu den Tieren und Menschen, die sie bevölkern. Wer sein Motiv liebt, der wird Bilder machen, die berühren. Da hilft kein hundertster Helikopterflug und keine Drohne.

Sämtliche Bilder im Buch sind mit digitalen Spiegelreflexkameras von Canon sowie digitalen Systemkameras von Fuji entstanden. An Objektiven kamen Brennweiten zwischen 10 Millimetern und 600 Millimetern zum Einsatz.

Und was bringt die Zukunft? Wahrscheinlich werden wir in den nächsten Jahren nur noch ein Smartphone mitnehmen müssen, wenn wir hinaus in die Welt zum Fotografieren gehen. Dieses wird perfekt bearbeitete Bilder ausspucken mit mindestens 80 Megapixeln, integrierter HDR-Funktion, Gesichtserkennung, Videos mit 6K-Auflösung. Es würde mich nicht wundern, wenn diese Smartphones auch fliegen könnten und dabei Superzeitlupen mit tausend Bildern in der Sekunde machen würden. Das Stativ wird überflüssig, weil ein 20-facher Bildstabilisator eingebaut ist, und auf Schärfe muss man auch nicht mehr achten, da diese nachträglich festgelegt oder verschoben werden kann. Und das alles im Hosentaschenformat.

Trotz alledem müssen Fotografen weiterhin selbst in die Landschaft ziehen, aufs Licht achten, die Tiere studieren und mit den Menschen ins Gespräch kommen, um ein Gefühl für ihr Motiv zu entwickeln, unabhängig davon, welche Technik sie nutzen.

Seite 1, Schmutztitel:
Der Morgennebel lichtete sich nur langsam. Dann aber spitze einer der markantesten und schönsten Berge am Dalton Highway in Nordalaska hervor: der Sukakpak Mountain.

Seiten 2–3, Haupttitel:
Ostgrönland pur: Ein Hundeschlittengespann auf seinem Weg nach Tasiilaq.

Seiten 4–5, Inhalt:
Ein Papageitaucher im letzten Abendlicht an den Vogelfelsen von Látrabjarg. Im Hintergrund leuchtet der immer schneebedeckte Vulkan Snæfellsjökull.

Unten:
Ein neugieriger Rotfuchs begutachtet meine Kamera am Dempster Highway. Die Tiere im Norden haben oft nur wenig Scheu vor Menschen.

DANK:

Ein Mammutprojekt wie dieses wäre ohne die Unterstützung vieler nicht zu stemmen gewesen. Ich möchte mich deshalb bei allen bedanken, die mir in den letzten sechs Jahren bei der Umsetzung behilflich waren. Mein großer Dank gilt vor allem (von West nach Ost): Robert Thompson aus Kaktovik, der mich durchs Eisbärenland geführt hat, der Familie Hicker für Gastfreundschaft und den besten Pfannkuchen jenseits des Polarkreises, Torsten Kohnert und Sui Kings, denen ich so manche Aufnahme während des »Yukon Quest« verdanke, Lars Anker Moeller für die Unterstützungen meiner Expeditionen in Ostgrönland, Stephen James Midgley vom Arctic Fox Center in Súðavík für seine Tipps, wo man am besten Polarfüchse finden kann, Nils Josef Labba, der mir die unglaublichen Tage mit den Rentieren in Lappland ermöglicht hat, Ari Sääski, ohne dessen Unterstützung ich das Projekt »Aris Bären« nie hätte verwirklichen können, Andrey Petrov und Thomas Henningsen von Greenpeace, die mich durchs wilde Russland geführt haben.

Zu großem Dank verpflichtet bin ich auch dem gesamten Team des Knesebeck Verlags. Ohne dessen Mut und Begeisterung hätte dieses Buch nie erscheinen können. Mein Dank gilt insbesondere Antonia Bürger, Susanne Caesar, Fabian Arnet und Christin Nase. Auch meiner Familie bin ich unendlich dankbar, vor allem meinem Vater Rolf Römmelt, ohne den nichts so gekommen wäre, wie es ist.

Gesamtgestaltung und Herstellung: Fabian Arnet | Lektorat: Claudia Caesar, Bad Vilbel | Lithografie: Reproline Genceller, München
Druck: Printer Trento Srl, Italy | ISBN 978-3-86873-988-6 | Alle Rechte vorbehalten, auch auszugsweise | www.knesebeck-verlag.de

MIX
Papier aus verantwortungsvollen Quellen
FSC® C015829